一天一个管理小技巧

席音 著

海洋出版社

图书在版编目（CIP）数据

一天一个管理小技巧 / 席音著. -- 北京 : 海洋出版社, 2025. 2. -- ISBN 978-7-5210-1435-8

Ⅰ. F272

中国国家版本馆 CIP 数据核字第 2025W7358P 号

一天一个管理小技巧
YITIAN YIGE GUANLI XIAOJIQIAO　　席　音　著

策　　划：张芮宁
责任编辑：刘　斌
装帧设计：触点视界设计工作室
制　　作：邓海霞
责任印制：安　淼

海洋出版社 出版发行

网　　址：www.oceanpress.com.cn
地　　址：北京市海淀区大慧寺路 8 号
邮　　编：100081
印　　刷：咸宁市国宾印务有限公司
经　　销：新华书店
版　　次：2025 年 2 月第 1 版　2025 年 2 月第 1 次印刷
开　　本：710 mm × 1010 mm　1/16
印　　张：14.5
字　　数：180 千
定　　价：58.00 元
发 行 部：010-62100090
总 编 室：010-62100034

序言

懂得与人合作，永远是一个不可逃避的职场议题；懂得让人合作，则是管理者在带团队时必须明白的道理。一个优秀的管理者，必能成为职场中凝聚他人的角色，让一个团队充满向心力，并引导团队高效地创造和发展。

在过去，我也曾经抗拒合作，总是独来独往，不懂得如何调动团队的力量，认为只有经手的工作才是最完美、最严谨的。但一个人的力量终归有限，随着所接手的工作越来越复杂、体量越来越大，这种“独行侠”式的工作习惯让我显得力不从心。当我在一个复杂的、规模庞大的项目中屡屡受挫，发现凭借一个人的能力无法如期完成任务时，我终于意识到，自己必须做出改变了。

那次失败让我意识到团队的重要性。俗话说“三个臭皮匠，赛过诸葛亮”“众人拾柴火焰高”，话虽直白，道理却适用于职场。在之后的工作中，我选择了相信团队、调动团队、依赖团队，虽然在一开始，并不是人人都能做到尽善尽美，但经过几个项目的锻炼和熟悉之后，团队成员合作逐渐默契，都能各司其职，项目得以顺利完成。在团队中，人人共享责任，互相协调行动，彼此学习进步，这让我意识到，一个高效的团队，即使人员精简，也能发挥出比单一个体更大的力量。

因此，我也想将自己在领导和管理团队中的经验与教训分享给更多的人，不管是初入职场需要懂得团队规则的新人，还是需要带领团队完成目标的领导者。

要带好一个团队，其秘诀和经验可以从组建团队开始说起，如何选择合适的成员、怎样设定明确的团队目标，以及如何做好团队的风格定位，都需要根据行业需求、发展阶段、管理风格等进行斟酌，只有找对了定位才能找到合适的人，而只有合适的人才能组成高效的团队。

科学地管理团队也十分重要，系统化的流程可以让团队成员快速上手工作并融入其中，正确的组织和领导方法可以让团队工作更高效地上传下达。除此之外，以下方面也十分重要：构建团队内部有效的沟通链路，让成员之间可以积极、无负担地交流工作；具有清晰的团队目标定位和绩效管理方案，让大家明白劲儿往哪里使、工作有什么回报；在团队工作中难免遇到挑战和困境，领导者要懂得激励成员，建立奖罚分明的制度并让成员看得到职业前途；时代和行业都在变化，要加强团队的适应力，构建一个拥抱变化、乐于创新的团队……关于带团队，还有很多需要我们认真去思考的问题，而我们可以在这本书中找到自己的答案。

希望通过这本书，能帮助有带团队、融入团队需求的读者，开启自己职场的顺风之路。任何时候，我们都可以借助团队的力量，达到更高的平台，见识更好的风景。

目录

第二章　科学管理，赋能团队

第三章　有效沟通，开放合作

第四章　目标设定与绩效管理

第五章　适时激励，保持士气

第六章　加强适应力，拥抱变化

第一章

如何组建高效团队

怎样筛选合适的团队成员

好的开始是成功的一半。许多人误以为带团队的核心是“带”，但其实从开始组建团队时，管理者就需要根据团队需要、个人风格来选择合适的成员。与团队风格匹配的成员是一个团队的基础，也是决定后续“带团队”技巧能否有效实施的关键。

组建团队时，筛选合适的成员至关重要。成员的经验、技能和知识互补，团队工作会更高效；多样化的团队成员可以带来创新的观点和想法，提高解决问题的效率；成员跟团队的风格更匹配，团队就会更稳定，更容易在合作中达成共识。因此，我们在了解如何带团队时，切勿忽视“组建团队”这一环。

问题场景　为什么优秀的人很难组建高水平团队？

名校毕业的苏晨被任命为项目经理后，立即着手从零开始组建团队。苏晨的工作效率很高，根据团队的需求物色成员，考核的主要标准就是面试者的技能对口、经验丰富。

苏晨

只要我们能开出令对方满意的薪资，并尽可能地招专业背景强、个人素质出众、工作经验丰富的人加入团队，就能更好地完成项目。

然而，这个汇聚众多优秀人才的专业团队，在实际工作协作中频频遭遇挑战。由于成员之间的工作背景和行事风格不同，且项目需求具有多样性，大家在沟通过程中出现了诸多障碍，甚至引发了不少冲突，影响了团队的整体效能。

小李

跟我合作的老张仗着自己资历深，经常给别人挖坑，把任务重、易出错的活交给别人，遇到问题就甩锅。他年纪大了，不适合新团队。

小李专业对口，但是心高气傲，让他做一些基础的工作就不高兴，整天想着参与核心技术开发。我看他心思活络，稳定性不强。

老张

这天，又有两个同事就开会时间吵了起来。层出不穷的问题，把苏晨搞得焦头烂额。

问题分析

在选择团队成员的过程中，苏晨过于侧重技能和经验，而忽视了团队的文化适应性。他忽略了团队成员的个性、沟通风格、工作习惯和价值观等因素，而这些对团队的协作和效率有巨大的影响。选择团队成员时，我们需要研究团队动力学和组织行为学，不能仅仅考虑岗位所需的技能、经验，还应考虑团队成员的职业需求和工作风格。

管理工具　团队成员选择模型

在选择团队成员时，我们可以利用经典的SWOT分析工具来建立一个团队成员选择模型。SWOT分析工具是一种策略分析工具，可以用来评估组织、项目、产品或者个人，一般从四个角度出发，分别是优势（Strengths）、弱点（Weaknesses）、机会（Opportunities）和威胁（Threats）。这种分析方法可以帮助管理者全面了解面试者的状态，以便更好地做出选择。

依据SWOT分析工具考察时，管理者除了评估面试者的技能和经验之外，个性、价值观、沟通风格、对新环境的适应性和能调动的资源等也应纳入评估范围之内。

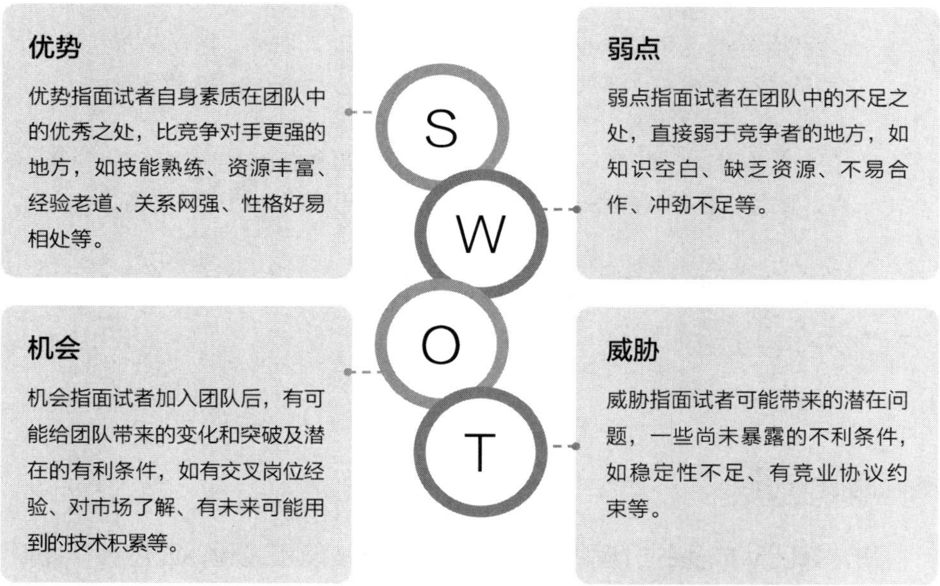

应用解析 怎样在面试时灵活运用团队成员选择模型？

确定需求 → 设计问题 → 面试观察 → 对比决策

1. 确定需求 在开始面试之前，要明确团队需要什么，包括但不限于团队成员需要哪些技能、经验、知识，以及团队文化需要哪些价值观和行为准则。只有提前理清思路，我们才知道自己的优势（团队已经拥有的）和弱点（团队缺少的），才知道需要什么样的成员加入。

2. 设计问题 面试时，根据团队成员选择模型来有引导性地设计问题。比如，我们想了解优势，可以询问面试者在过去工作中成功的案例；更关心弱点，可以询问他们在过去的工作中遇到的挑战；也可以询问他们对未来的职业规划，这可以评估他们潜在的机会；而询问他们对岗位有哪些顾虑，可能会帮助我们了解一些对团队有威胁的问题。

3. 面试观察 在面试过程中，我们可以根据面试者的回答和行为来评估他们的四项情况。而沟通技巧、解决问题能力、团队合作能力等，往往需要通过面试观察，在面试过程中，我们要记得记录总结，方便后续分析。

4. 对比决策 面试结束后，我们可以根据自己的观察和面试者的回答来进行分析，通过不同面试者之间的对比得出结论。

通过这种方式，我们可以更快速、精确地匹配到跟团队合适的面试者。

慧眼识珠，拒绝无效面试

一个优秀的管理者一定懂得利用面试的短暂时间，快速筛选出自己需要的团队成员。大部分面试时间控制在30分钟以内，在短时间内识别面试者是否真的具备符合岗位要求的能力、适合团队的个性，以及跟团队相匹配的价值观，取决于我们面试的沟通技巧。所以，带团队时一定不要忘记在面试上多下功夫，面试时能慧眼识珠，带团队就更加省心。

问题场景　为什么面试的新人入职后表现总是不如预期？

技术部负责人张帆最近忙着新人入职后的工作安排，但入职后的新人的表现都没有达到预期。这令他深受困扰，于是主动向同事请教。

张帆：不知道为什么，我看好的人，入职之后的实际表现总显得不尽如人意。

同事表示，这很正常。

同事：可能是你的要求比较高，你有没有考虑过对方的能力和职级是否匹配？

张帆：我的要求并不高，这些人面试时，完全符合职级和岗位需求。他们的履历、背景和技术都是我仔细考察过的，但在实际工作中表现一般，不能很好地解决问题。

同事：面试者在准备面试时，会精心包装自己的履历。在短暂的面试时间里只能了解到这个人的一部分情况，能找到技术匹配的成员就已经很不容易了。想了解更多，就需要我们在面试过程中采取更加深入细致的沟通策略。

问题分析

张帆的问题在于，过于依赖面试者的履历、背景和技术这些“显性”的信息，没有考虑到一些团队实际工作中可能用到的“隐性”信息。一个人的知识技能、履历背景固然重要，但这只能证明对方的能力符合岗位需求，在符合需求的基础之上，我们更需要考察对方的隐性能力，如是否擅长沟通、面对问题时的处理思路、团队合作能力等，这些需要通过询问具体的问题、创设一些新的场景，从面试者的回答中观察得到。

管理工具　关于面试的“冰山模型”

冰山模型是一种常用的心理学模型，通常用于描绘人的行为、态度、价值观和信念。这个模型的基本理念是，我们能看到的人的行为，只是冰山露在水面上的部分，真正决定一个人行为的态度、价值观和信念等则相当于冰山隐藏在水面下的部分。

其中，行为是冰山的顶部，也是我们能直接观察到的部分。面试时的知识技能、对问题的应对措施等，都属于行为的一部分，可以通过反复训练提升熟练度，也是我们最容易确认的部分。态度包括一个人对待事情的观点和倾向，则相当于冰山水下的部分，这些往往可以从表达态度中察觉。

价值观和信念则是更深的层次。价值观会影响人们的工作态度、行为动机，也是决定对方能否跟团队深度匹配的关键点。而信念是最底层的冰山，通常处于潜意识中，它们会深度影响一个人的价值观、态度和行为等上层信息，如果能达到信念一致，对方大概率是非常适合团队的。

在面试和团队建设中，冰山模型提醒我们，要了解一个人，不能只看他的行为和态度，还需要了解他的价值观和信念。这需要我们跟面试者进行深入的交谈和观察，以便更全面地了解他们。

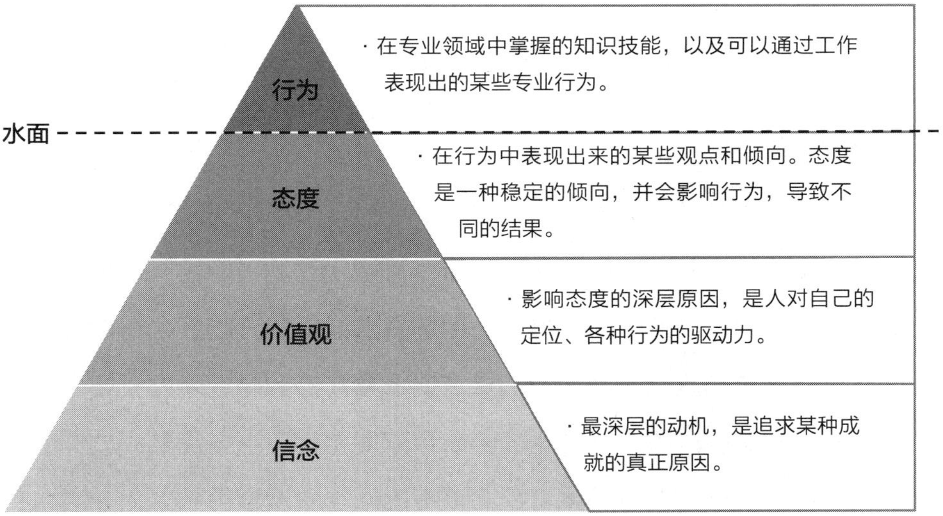

应用解析　如何尽可能深入地了解面试者？

从“冰山模型”中我们知道了解一个面试者不仅要看其“水面”之上的行为部分，还要尽可能深挖对方“水下”的态度、价值观和信念，才能知道一个人是否从本质上与团队和岗位匹配。那么，在有限的面试时间里，我们怎样才能深入地了解一个面试者呢？以下四种面试技巧或许可以帮助我们。

1. 情境面试　创设一种特定的情景，可以让我们根据团队的需求，了解面试者的思维方式和问题解决能力。

2.STAR 法则　STAR 即 Situation（情境）、Task（任务）、Action（行动）和 Result（结果），这种方法可以帮助我们了解面试者的行为和处理问题的态度。

3. 角色扮演法　通过团队角色扮演，我们可以了解面试者的沟通技巧、管理能力和团队合作能力。

4. 评价反馈　评价反馈从某种程度上可以反映一个人“冰山”之下的部分，但只有审慎地评估信息的可信度，才能公正评判一个面试者。

入职培训到底训什么

团队新成员入职，不可能像老员工一样快速上手工作，入职培训做得好不好，决定了新成员能否快速融入团队并开展工作。除了专业技术部分的训练，入职培训还是一个展现团队气氛的窗口，良好的团队气氛能让新成员产生归属感，提升其工作稳定性。因此，我们构建高效的入职培训方案，对于促进新成员迅速融入团队、掌握专业技能及增强归属感至关重要。

问题场景　为什么入职培训会形同虚设？

陈主管带领的一个二十多人的中小型团队中，有一些新员工是应届毕业生。陈主管决定进行一次统一全面的入职培训，以确保每个新成员都能快速适应岗位，并为项目的顺利进行奠定基础。

他举办了一次全体培训，向大家介绍了公司的历史、企业文化，以及团队的主要工作和目标，接下来几天还安排了不同类型的培训课程，包括项目管理、客户服务、前期技术支持等，让老员工给新成员一一讲解。随着培训的进行，陈主管却觉得效果不佳。

老员工：为了新人培训，我专门做了两天PPT，但大部分新成员都不是这个岗位的，我看他们也没有认真听。

新成员：我刚进入这一行，缺乏技术背景，培训时讲的有些专业名词都听不懂，每天接受这么多信息，实在是消化不过来。

听完老员工和新成员的培训反馈后，陈主管自己也很郁闷。

陈主管：感觉培训内容都很实用，为什么起不到作用呢？

问题分析

很多团队都面临入职培训效果不如预期的情况，本来是想让新成员快速融入团队、接手工作，结果却过犹不及。陈主管的培训过于密集，短时间内大量的信息输出不仅给老员工带来了压力，新成员也很难全部明白。培训形式以介绍为主，缺乏实践环节，新成员参与度不高，很难领会其中的关键。不同岗位的新成员需求不同，实际操作中也会遇到不同的困难，应该有针对性地进行培训。入职培训前考虑不周，因此才显得流于形式。

管理工具 流程化的入职培训机制

为了使成员高效融入团队，构建一套标准化的入职培训流程就显得尤为关键。这一流程不仅可以减轻老员工频繁准备培训的负担，还能确保每位新成员都能受到全面的入职培训。对于一些常规且必要的培训内容，如工作流程图、OA 系统使用说明等，可以进行系统化整理并固定为新人入职培训内容。一般来讲，入职培训流程可以按照以下四个环节进行。

1. 阶段性培训计划 培训内容如果比较多，可以分成不同阶段进行，每个阶段介绍一项内容，确保目标清晰明确。

2. 互动实践环节 在培训课程结束后安排实践环节，帮助新成员在实际工作和问题中更快速、准确地消化培训内容。互动实践环节还能调动新成员的参与感和思考，让他们提出问题并解决问题，化被动为主动。

3. 个性化培训阶段 根据新成员的特质和岗位不同，在第三阶段进行个性化培训。比如，有的人擅长市场推广，有的人适合深耕技术，可以分别安排针对性的课程学习，并让老员工带领他们接触项目。

4. 长期的导师制度 集中培训之后，还可以在较长的一段时间内给新成员安排导师，一对一解决工作中遇到的问题，同时帮助新成员适应团队文化和工作环境。

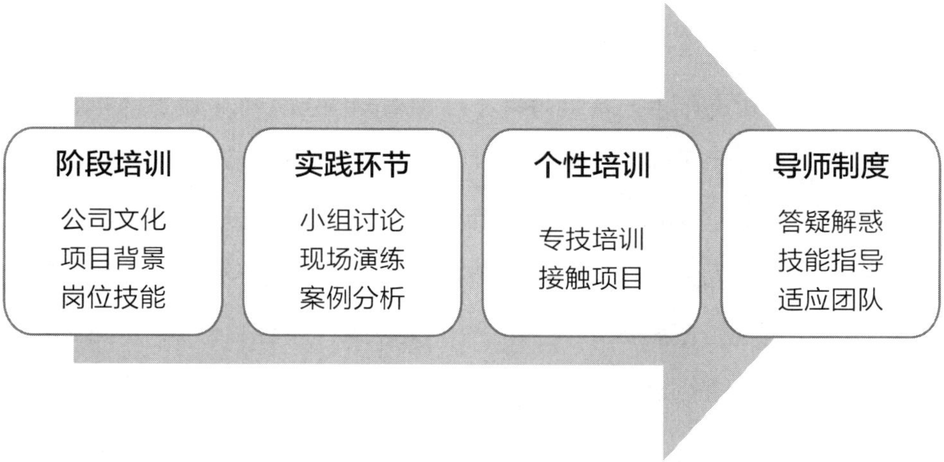

应用解析　如何检验入职培训的效果？

当我们建立了统一的培训流程，如何检验新成员培训的效果呢？尤其是在新成员的背景、熟练度、认知能力都不同的情况下，评价入职培训的效果显得相对困难，而柯氏四级评估模型可以帮助我们快速检验入职培训效果。这个模型将培训效果分为四个层次，从最基本的反应层次到最终的结果层次，逐步深入地评估培训的影响和效果。

1. 反应层次　主要评估新成员对培训的反应和满意度，一般可以通过问卷调查、现场访谈、反馈表等方式获得。

2. 学习层次　评估新成员在培训中学到了什么，是否掌握了新的知识、技能和态度。可以通过笔试、实操、案例分析等方式来验证。

3. 行为层次　评估新成员在工作中是否发生了行为变化，是否能够将培训中学到的知识和技能应用到实际工作中，可以通过绩效考核、日常观察、同事和主管的反馈来记录。

4. 结果层次　评估培训对团队整体的绩效和业务结果的影响，可以通过业务数据、指标跟踪、财务报表等数据结果来反馈。

综合以上几点，可以帮助我们由浅入深地了解新成员培训的效果。为了团队所做的任何工作，不管时间长短，都会体现在最终的成果上。

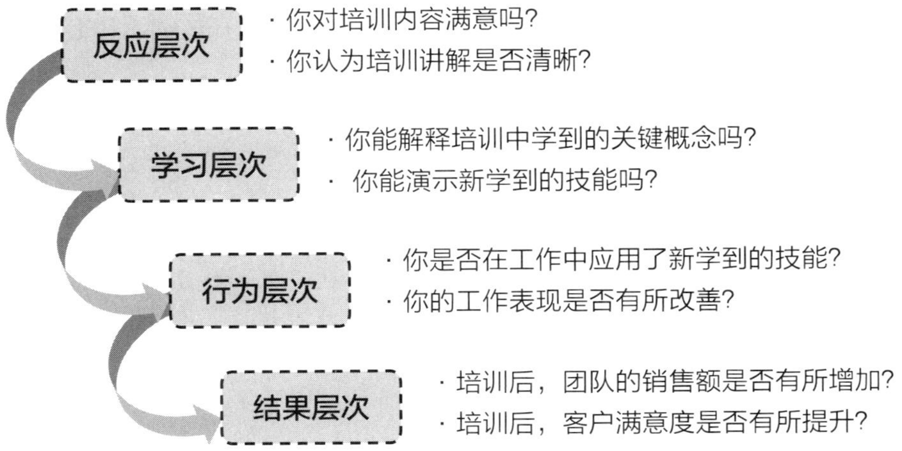

了解成员
是带好团队的前提

作为管理者，我们最重要的一项技能就是管“人”，而管人的前提是懂人。只有了解团队成员都有哪些特质、有什么内在需求，并因人而异地给予指导和帮助，才能让每个成员都感受到团队的温暖，并认可自己在团体中的定位，将自己的优势发挥出来，从而使整个团队氛围和谐，工作高效。

问题场景　团队配合总有问题，他们到底在想什么？

在一家快速发展的科技公司，王经理被任命为新项目的负责人，团队成员来自不同的部门，有不同的专业背景和工作风格。这一次跨部门的合作，本来被认为是“强强联合”，王经理也对此充满期望。然而，几周后，他发现项目进展缓慢，团队氛围也不太融洽。

经过私下沟通，王经理发现，不同背景的同事很难配合到位。

小王：小李虽然是开发部的技术骨干，大家离不开他，但是他几乎不跟我们主动沟通。每次拖延了进度，就说是技术开发遇到了问题，谁知道是不是他工作偷懒了呀！

小李：我知道小王脾气直爽，喜欢吐槽，可能他吐槽我们开发进度慢，也只是对事不对人，但我听着就觉得他对我有意见。

小张：现在是研发阶段，对设计的需求并不高，所以我觉得自己的设计理念没有得到重视。这对我的长期发展没有好处，我可能要把重心放在其他项目上了。

王经理对这种情况感到困惑和无助，虽然知道问题可能出在了团队成员之间的配合上，但也不知道如何解决这些问题。

问题分析

王经理没有意识到，问题的根源就在于他对团队成员缺乏深入了解，导致任务分配和沟通不畅。比如，王经理对团队成员的专业背景、工作风格了解不足，导致任务分配不合理；团队成员在不同阶段的工作量和受重视程度差异较大，也没能争取到其他团队成员的理解；对团队成员之间的沟通和协作缺乏有效的支持，导致团队成员信息不对称和产生误解；管理者对成员的需求和期望了解不深，导致团队成员的工作热情和积极性不高。

要解决这些问题，就要先了解团队成员，如此才能“对症下药”。

管理工具　利用性格评估工具分析团队成员的个性

只有多沟通，团队领导者才能更深入了解团队成员的性格。但在沟通过程中，如果没有明确的方法论指导，我们可能很难从成员的语言和态度中分析出他们到底擅长什么样的工作模式，需要用什么样的方法给予安排和指导。这时候，可以考虑使用专业的性格评估方法，分析每个成员的性格特征和行为风格，以便更好地给他们安排工作，使他们充分发挥个人优势。

比如，MBTI（Myers-Briggs Type Indicator）测试就是一种基于卡尔·荣格心理学的性格评估工具，通过四个维度来评估每个成员的性格类型。经过测试，人们可以了解自己的职场性格，找到最适合自己的工作环境和角色。例如，测试结果为ENTJ的人往往偏向外向、直觉、思维、判断，能果断决策并具有战略性思维，更适合管理职位；测试结果为ISFP的人则偏向内向、感觉、情感、知觉，注重细节，重视个人表达，更适合创意和艺术领域。在职场沟通时，团队领导者有必要了解每个成员的性格倾向，分析他们的性格类型，做出恰当的工作安排。

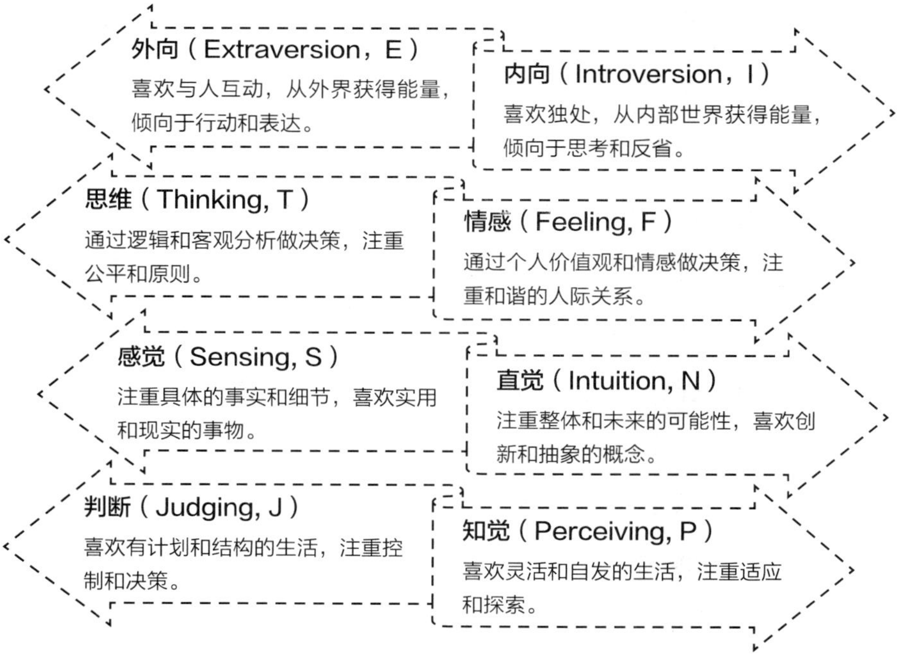

应用解析　寻找沟通话题，了解成员性格

MBTI测试等性格评估工具，确实为管理者提供了一些基于成员个性特征进行工作分配的科学方法论。然而要运用好这些工具，团队管理者还需在实际沟通中了解团队成员。在日常交流中，除了围绕工作话题跟成员聊天，还应积极创造机会，通过一些非工作性质的话题来辅助交谈。这样的交谈不仅能加深彼此的理解，还可以通过这些相对轻松的话题增加彼此的友谊，强化彼此之间的信任感和归属感。

更重要的是，团队管理者要多关注团队成员在生活中的需求和困难，了解他们当前的生活状态和想法，及时发现他们隐藏的需求，做出准确的应对，这样更有利于凝聚团队力量。比如，当某个下属提到自己的家人生病时，如果后续有请假需求，团队管理者就可以更爽快地同意并给予关心，既能给他方便，又能让他感受到团队的温暖。只有互相关怀，团队才有凝聚力。

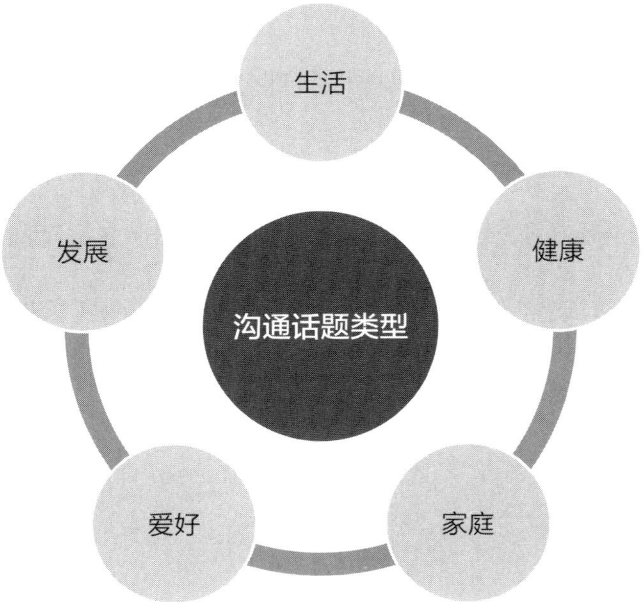

明确目的，劲往一处使

俗语有云，“众人拾柴火焰高”。凝聚团队的力量去做事，我们很难预估其上限，这就是团队合作的重要之处。但“三个和尚没水吃”的教训也让我们知道，如果不能充分调动团队成员的积极性，即使团队成员再多也无济于事。所以，一个团队能不能发挥出潜力，取决于管理者，管理者的能力在很大程度上会影响一个团队的表现。其中，目标的一致性对团队能力的影响重大，如果管理者没有引导团队成员明确目标，团队就如一盘散沙，很难发挥出应有的实力。

问题场景　为什么团队成员的目标和方向不一致？

李梅是一家文化传媒公司的项目经理，目前带领一个五人团队，负责策划一场音乐节活动。在音乐节的企划阶段，李梅发现每个成员对项目的理解和关注点都不一样，大家各有各的想法，且在资源上互不相让，很难达成一致。

艺术专业出身的小张觉得，音乐节关注的应该是音乐的表现力，想办好音乐节，就一定要舍得花钱，请艺术家和知名乐队来参加，音乐节档次上去了，才能吸引观众。可是有项目管理经验的小刘不同意，他认为音乐节策划要做好时间管理和预算控制，成本问题应该是最先考虑的，小张列出的清单早就超预算了，这样很难盈利。小王是市场推广负责人，他觉得现在争吵这些内容都是次要的，企划阶段应该更关注宣传。他建议先讨论一下市场推广该怎么进行，目前的重点应该放在这方面。

大家互不相让，都认为自己的工作优先级更高，导致讨论了很长时间，项目还是没有什么进展。李梅参加了几次会议，觉得越来越混乱。

问题分析

团队工作就像马拉车，如果前进的方向不一致，就会变成不同方向之间的角力，哪怕都是千里驹，力气也都浪费在了团队内耗上。

李梅的团队面临的问题是缺乏目标感，作为管理者，她没有给大家设定统一的目标，也没有清晰的优先级排布，让所有人都觉得自己的工作最重要，这样自然会产生分歧与争执。如果说团队中每个人都是具体事项的负责人，那么管理者就应该是整个项目的引领者，负责指明前进方向，只有明确团队的整体目标，才能确保每位成员的工作都是有效的。

管理工具　通过项目树状图明确任务目标

管理者虽无须事必躬亲，但要有清晰的思路，尤其是在安排工作时，一定要有明确的方向，确保团队之舟不偏不倚，稳步前行。管理者可以借助项目树状图来理清自己的思路，在展示时，能够让团队成员快速理解团队的计划，从而顺利达成目标。

1. 按照目标划分层级　项目树状图可以按照目标来划分每一层，最高层级是项目的总体目标，次一级则是每个时期的阶段性目标。通过这种方式，可以清晰地划分出项目的方向，以及当前、未来需要实现什么，确保每个成员都能理解并认同。

2. 目标要结合关键信息　阶段性目标涉及具体的实现，一定要明确给出关键信息，如具体的任务、时间节点等。这样，团队成员根据各自的任务划分，可以清晰地看到项目进展程度和自己要完成的具体任务，从而对完成时限做出评估。

3. 目标要整合成员需求　在设定目标时，一定要将所有成员的能力和需求都纳入考虑范围。一个高效的团队中，每个角色都不可或缺，成员自身也有自我实现的需求，所以一定要调动全体成员，整合他们的需求和能力，让每个成员都能在实现目标的道路上有所付出和收获。

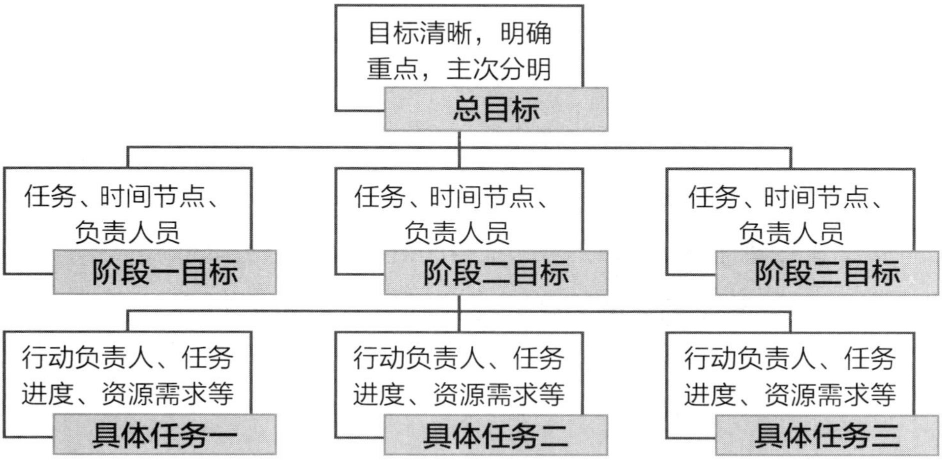

应用解析　在目标一致的前提下，个性化沟通化解分歧

想要团结整个团队，让大家向着共同的目标努力，除了要有明确一致的目标之外，管理者还要根据每个成员的特质与其进行个性化的沟通，以使成员理解并认可团队的目标。当团队成员无法从内心认可团队目标时，说明他们的需求不能从实现目标的过程中得到满足，如果我们不注意这一点，再清晰的目标也很难得到高效的执行。

关注需求，在个性化沟通中至关重要。找到团队成员关注的事项，可以明白他们看重什么，管理者与下属在沟通工作、规划发展、制定绩效的时候，就可以着重强调这方面。沟通时，管理者可以强调对方的关注点在目标中的重要性，让团队成员感觉自己在实现目标时也能深耕关注的领域。

团队成员的需求往往跟其关注的事项相关。管理者要给团队成员提供帮助，所以对团队成员的需求不能视而不见。管理者可以根据团队成员的需求为其提供个性化的扶持和激励，准确地把握团队成员的心理，让他们对工作更加投入。

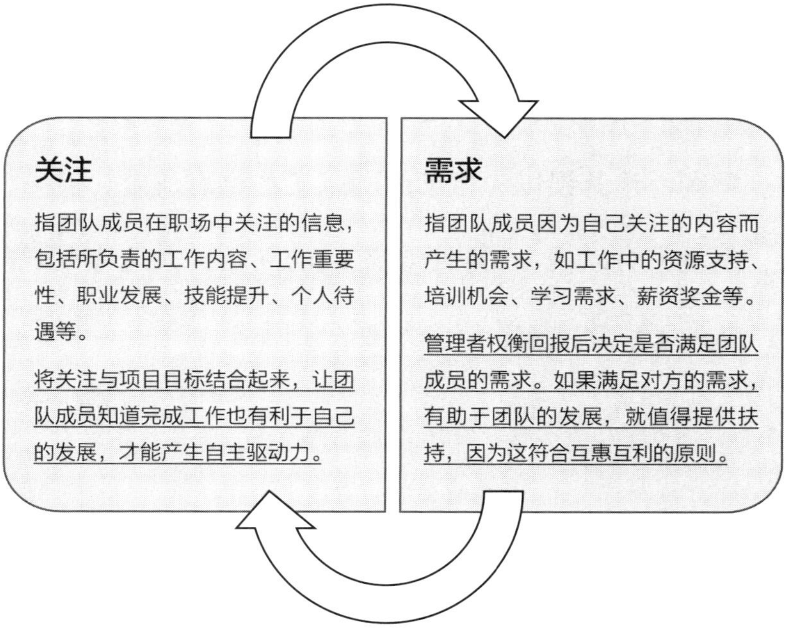

人人都很忙，为什么还是进度慢

在带团队时，最常遇到这样一个问题——明明团队工作开展得如火如荼，每个人都充满干劲且十分忙碌，却难以有实质性的成果。这种“假性忙碌”会在短期内迷惑管理者，让其误以为自己的团队工作卓有成效，但一旦整体复盘就会发现，团队管理造成的问题极大地拖慢了整个团队的工作效率，让许多人做了无用功。

问题场景　为什么团队人人都很忙，就是没成效？

老陈刚刚升职为部门主管，负责客户项目的导入和初期筹备工作。“新官上任三把火”，为了能服务好客户，老陈让团队中所有人都“动起来”，力求将每个环节都做到完美。但连着忙了三个月，效率并没有提高，反而工作量增加了不少，大家怨声载道。

老陈收集了大家的反馈，想知道问题出在哪里。

小敏：主管让我们做客户调研，可做完了才发现，其他同事之前已经做过了。这部分工作应该交给谁来做，怎么交接给其他人也没有章程。

小刘：主管让我们“动起来”，可是我们得等客户产品导入之后，才能正式处理工作。产品导入的时间规划不合理，我们经常半个月没有活，却还得装作很忙。

小苏：任务时间一长，主管自己就经常忘掉，也不要求我们按时汇报。有时候明明在忙上一个任务，主管却接二连三地给我派新工作，我实在不知道该做哪些好。

老陈发现，自己的问题还真不少，于是进行了深刻反思。

问题分析

“一将无能，累死三军”。管理者带领团队水平的高低，决定了团队能不能高效工作、快速出成绩。老陈作为管理者，需要发挥自己的组织能力，调动团队成员各司其职，并根据各个岗位的特点做好工作流程安排，才能保证大家以比较舒适的节奏互相配合，高效地完成工作。带团队时，管理者的组织能力跟员工的数量和能力相关性并不显著，如果管理者的组织能力不够，思维不清晰，员工数量越多，反而越容易导致团队工作混乱。

管理工具 用RACI矩阵式管理让团队成员明确工作内容

RACI矩阵是一种增强组织能力的有效工具，用于定义和跟踪团队成员在项目中的角色和职责。RACI分别代表“负责人（Responsible）”“问责人（Accountable）”“咨询人（Consulted）”“知情人（Informed）”四个团队角色。

我们通过RACI矩阵可以明确团队成员的职责，清晰地定义每个任务的负责人、问责人、咨询人和知情人，避免角色混淆和责任不明。项目一般配备负责落实具体工作的多个负责人和至少一个问责人，每个负责人要明确自己的工作范畴，做到“事事有回应”，而问责人需要把控全局。如果该项目与其他项目之间有比较强的关联，则需要额外的知情人，知情人需要对齐任务进度以便安排自己的工作。如果项目的执行困难比较大，过程中需要咨询专家或资深人士，也要配备咨询人。RACI矩阵可以提高团队成员之间的沟通效率，确保成员在任务执行过程中能及时获得必要的信息。同时能优化资源分配，确保每个人都能在适当的位置上发挥作用。

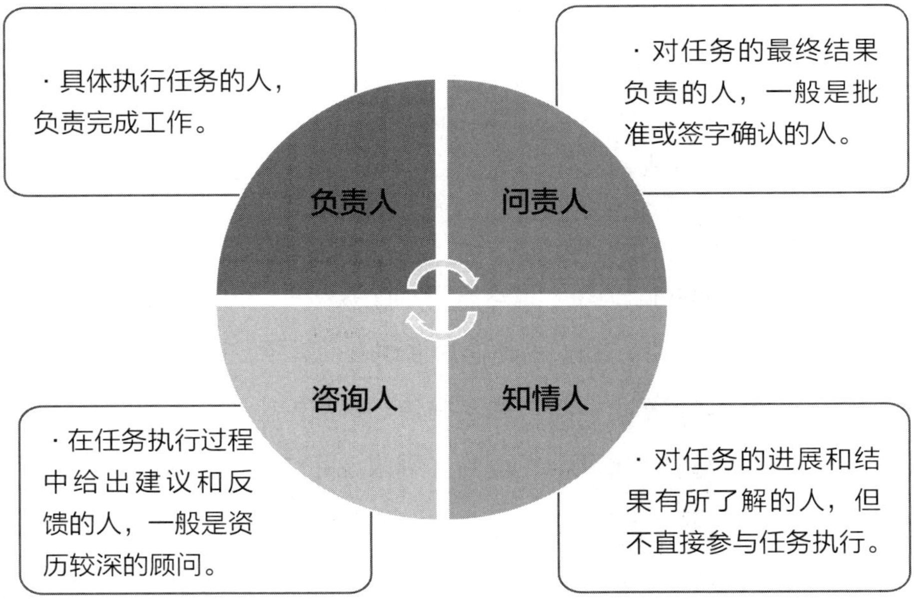

应用解析　如何强化带团队时的组织能力？

在带团队时，管理者要强化自己的组织能力，真正将RACI矩阵技巧运用在实际的团队工作中。可以根据下面的任务链来确定哪些环节可以优化团队工作、提升工作效率。

明确任务

· 小敏负责客户调研和导入，小苏作为问责人和咨询人，小刘作为该环节的知情人。

跟踪任务

· 小敏做好任务跟踪，小刘是下一环的负责人，需要提前规划自己的时间，避免“撞车”。

定期沟通

· 每天早会汇报各自的任务进展和需求，小敏要将任务进度告知前后环节相关人员。

目标一致

· 目标是一季度成功导入并支持的客户产品数量增加20%。

1. 明确角色和任务　可以通过使用RACI矩阵（负责人、问责人、咨询人和知情人）来实现，在这个矩阵中，每个任务都有一个明确的负责人，而其他人则可以提供支持、咨询或需要知道任务的进展。例如，小王负责产品的开发，而小李负责产品的推广。这样责任到人，任何时候都知道相关信息应该从哪里获取，不容易出现“多个人分别做同一件事”的问题。

2. 跟踪任务　团队管理者一定要协调好团队的工作，避免项目的时间和工作内容分配有问题，导致部分成员工作“撞车”。可以通过使用项目管理工具来安排不同的任务并跟踪任务的进展，分配任务，以及分享重要的文件和信息。

3. 定期沟通　团队成员需要定期开展会议。例如，团队可以每天组织一次短暂的早会，讨论他们的进展和遇到的问题，这样遇到问题可以快速争取同事或管理者的帮助。

4. 设定一致的目标　管理者需要设定明确的目标，以便团队成员可以朝着一个共同的目标努力。这个目标最好是可以量化的，如在下个季度提高20%的市场份额，这样成员可以根据目标随时检查自己的工作进度。

团队中总有人特立独行怎么办

在带团队时我们会发现，现实和理想之间总有一段跨越不了的距离，即使管理者的能力再强、团队成员再配合，也总会出现一些意料之外的状况。比如，团队中经常会出现特立独行的人，他们总是跟其他人产生矛盾或分歧。但这些成员也有自己不可取代的优势，综合考虑，我们更希望他们能留在团队中贡献一份力量。这种时候，应该如何对待这些特立独行的成员呢？

问题场景　团队成员特立独行，该怎么办？

王旭是某科技公司的研发部门主管，负责带领一个由十名成员组成的团队。其中有一位名叫李明的成员，他技术能力非常出色，但性格比较孤僻，说话耿直，习惯独来独往，经常质疑团队的决策，总是在会议上公开反对其他成员的意见，大家觉得很难与他共事。

在一次重要的项目会议上，王旭提出了一项新的开发计划，他希望团队能在接下来的两个月内完成关键模块的研发。李明眉头紧皱，不等王旭说完就表示反对，他认为这个计划有点不切实际，资源分配也不合理。如果想完成关键模块研发，应该有更好的计划。李明这一番话说得毫不留情，会议室的其他人忍不住窃窃私语，说李明总是急着唱反调，也不跟大伙一起讨论，每次都是这么独断专行。

会后，王旭找李明进行了单独谈话，希望了解他的真实想法，并试图说服他支持团队的决策。然而，李明依旧坚持自己的观点，也不愿意跟王旭交流。其他人则悄悄跟王旭反映，李明不是第一次这样了，他这种行为让不少人都很反感。

作为主管，王旭也感到非常棘手，不知道如何处理这种问题。

问题分析

由于李明的技术能力非常出色，身为主管的王旭愿意包容李明性格上的缺点。但如果不加以引导，在实施项目的过程中，李明这种与团队不匹配的行事风格一定会放大合作中的矛盾，这不仅会让李明的处境尴尬，也会影响团队气氛。针对这种成员，身为管理者一定要做好“桥梁”的角色，一方面引导他们克服自身问题，尽量融入团队；另一方面做好其他成员的安抚工作，让大家愿意接纳这位成员，并积极合作，彼此体谅，团队才能磨合成功。

管理工具　360度反馈机制

职场中的每个人都是立体复杂的，身处职场之中，每个人在工作中的表现也不尽相同。所以，无论是想客观地评价一个人，还是想帮助对方更立体地认识自己，都应该尽可能地从多个维度收集对这个人的评价。这就需要引入“360度反馈机制”。作为管理者，我们可以利用这一机制对团队成员的表现进行全面评估和反馈，了解每个成员的真实表现和需求，并找出问题，提出改进方案。

而且，“360度反馈机制”尽可能地保障了评价的全面性和公平性，即使性格固执的成员，也更容易接受和认可这一评价结果，从而更乐于去改进。这种机制从侧面建立了一个沟通渠道，能增强团队成员之间的理解，促进团队合作进步。

自我评估

每个成员评价自己的优点与不足，可以从技能、行动、合作、沟通等多个维度进行。

同事评估

每个成员对其他成员的表现进行评估，提出具有建设性的意见和建议。

上级评估

管理者对成员的表现进行评估，给予具体的反馈和指导。

下级评估

团队成员对管理者的管理方式、成效和表现进行评估，提出改进建议。

应用解析　怎样帮助特立独行的成员融入团队？

当团队中出现了一些行事作风比较特立独行的成员，甚至因此影响了团队内部的氛围和合作时，管理者绝不能置身事外，应该积极介入，采取有效措施进行引导和调整，以确保团队的和谐与高效运作。这样的行动不仅是对团队整体利益负责，也是管理者领导力的重要体现。

有时，特立独行的成员的问题只是因为沟通不畅，他们的想法没有得到充分重视和讨论，导致他们屡屡提出反对意见。我们可以通过建立开放的沟通渠道来解决，鼓励大家畅所欲言，增强团队成员之间的理解，还可以通过团建活动，提升彼此的了解和信任度，也能让团队氛围变得更轻松。如果沟通不畅、不充分，团队成员之间缺乏信任感，我们就很容易觉得质疑是一种挑衅而非友善的建议。

针对个性比较独特的成员，我们可以制定相应的管理策略，确保每个人的能力都能得到发挥，充分调动每个人的积极性和创造力。如果管理方式比较单一，只是我们单方面说服对方，就很难了解成员的需求，这无法从根本上解决问题。因此，进行双向沟通至关重要，沟通的过程中我们应多听取成员的意见，更深入地了解他们的想法，给出针对性建议。

管理者要从多个方面入手积极解决问题，促进特立独行的成员融入团队，也让团队其他成员更乐意接纳特立独行的成员。

建立沟通	组织团建	个性管理	针对改进
· 定期组织团队会议，鼓励成员畅所欲言； · 建立内部论坛或沟通平台，鼓励成员发表意见或建议； · 设立意见箱，鼓励成员提交自己的建议。	· 组织团队拓展活动，通过游戏增进成员的了解和信任； · 定期进行团队聚餐或游玩，让成员在轻松氛围中进行沟通； · 设立团队奖项，对合作中表现优秀的成员进行表彰激励。	· 针对成员性格和需求进行针对性管理； · 对个性比较特别的成员，采取灵活包容的管理模式，鼓励他们提出建议，但也要尊重其他成员。	· 通过“360度反馈机制”对成员进行分析，对问题进行针对性改进； · 一对一谈话，进行双向沟通，听取成员想法，也给出建议，引导对方改进。

优化团队，分清主次

带团队的一个核心是管好“人”，另一个核心就是管好“事”。所以，在进行团队优化时，也要从两个方面入手，一方面是优化人员的配置，另一方面就是优化事情的安排。只有分清主次，团队资源才能更合理地分配，确保项目的高效率推进。

问题场景　为什么团队总是有资源浪费的情况？

小张带领的十人团队主要负责筹备某个技术服务项目，该项目由多个模块构成，小张根据团队成员的特长将他们拆分成多个小组，每个小组分别负责某个模块的开发，最终整合所有模块作为结果交付。

项目的截止日期逐渐逼近，小张越来越焦虑。他发现不同模块的开发进度不一致，有的模块已经进入最后阶段了，有的却还在处理中期问题。这样一来，就算部分模块能按时开发完毕，也不能实现整体交付。

小张：为什么同样都是负责一个模块的开发，你们的进度比别人慢那么多？

成员甲：虽然模块的体量看起来差不多，但难度不一样。相同人员配置下，我们要完成的工作量几乎是其他模块的两倍，我们这段时间加班加点地赶进度都做不完。

成员乙：我们开发时需要的计算量很大，但服务器资源是平均分配的，我经常要去借别人空闲的账号来跑数据，实在很不方便。

小张感觉自己在团队资源的分配上出了问题，但此时再优化已经晚了。

问题分析

小张团队的问题在于将团队的角色分配和资源分配按照“平均主义”的原则进行，没有提前预估不同模块开发的工作量和所需的资源，并根据预算进行合理优化。很多时候，团队出现资源浪费的问题，大多是人或事的分配不合理，我们在简单工作上分配的人员太多，在不紧急的事上投入的关注太多，导致工作效率不高。

管理工具　优化团队工作的“四象限法则”

我们可以按照“四象限法则”对团队当前的工作进行评估和衡量。四象限由两个坐标轴来划分，其中一个坐标轴代表“紧急与否”，另一个坐标轴则代表“重要与否”，根据对任务的评估，将不同工作填入不同的象限，项目的轻重缓急就一目了然。

对于第一象限内“紧急重要”的工作，我们要倾斜资源进行扶持，安排足够的人力和物力确保工作可以顺利完成，这是最能体现团队成果的部分。而第二象限内“紧急不重要”的工作，可以安排少量人力和资源，在确保第一象限优先的前提下，尽快完成，做到主次分明。同时，安排团队中几名值得信赖的成员，去开启第四象限“不紧急重要”的工作，这可以作为长期计划，短期内不要求反馈结果，但我们要重视并跟踪，确保该部分工作一旦提高优先级，就能快速跟进并完成。最后，第三象限内的工作可以视情况完成，不需要投入太多精力。

这种优化方式，不仅为团队成员指明了清晰的工作方向，知道自己在什么项目上可以多花精力，也能够让大家劳逸结合，从而最大化地提升团队效能，避免浪费团队资源。

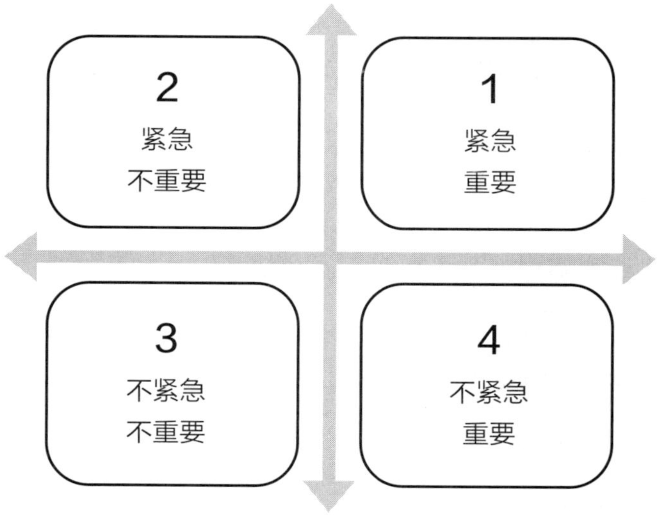

应用解析　优化团队要懂得“二八定律”

在进行团队工作优化时，我们要分清工作的轻重缓急，然后根据项目的优先级适当地调整投入的资源。这对很多新晋管理者来说无疑是一场严峻的考验。完美主义驱使我们在每个任务上都倾尽全力，不愿有丝毫瑕疵，这却可能阻碍我们做出明智的取舍。

带团队要懂得放弃，这甚至比努力更重要。身为管理者，我们可以使用“二八定律”来优化团队。二八定律，也称为帕累托法则，是一种常见的管理和效率提升工具，此法则表明：在多数情况下，80%的成果往往来自工作中20%的关键项目。

正因如此，我们要调整自己的精力分配，优先分配资源和时间到这些关键任务上，如将80%的资源分配到20%的关键项目中，确保它们能够按时高质量完成，这样能最大化地体现团队的工作成果。同时，我们可以定期审查团队的任务，识别出那些对项目成功影响不大的工作，然后予以简化或删除，将资源重新分配给影响力高的任务。

优化团队资源就意味着放弃，管理者可以运用“二八定律”进行筛选，以更少的投入换取更大的产出。

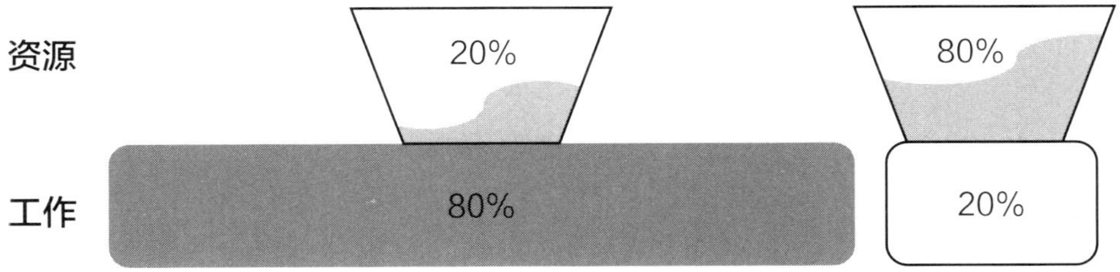

第二章

科学管理，赋能团队

一马当先，带团队要敢决策

作为团队管理者，我们在任何时候都要有敢为人先的精神，尤其是在影响团队发展的决策面前，更要承担起自己的责任。我们带团队要有远见卓识，比团队成员看得更远、考虑得更全面，而这种思维的优越性和重要性就是通过我们的一次次决策体现出来的。好的团队管理者，必然能果断决策，并带领团队坚定执行，实现预期。

问题场景 为什么作为管理者，我总是显得不靠谱？

徐芳是一名资深工程师，前不久刚升职为小主管，负责技术平台的开发工作。徐芳很苦恼，她发现自己在同事面前更像脾气温和、好说话的前辈，似乎没有其他部门的主管看起来那么有威严。

朋友：威严不是靠发脾气建立起来的。你觉得自己不像主管，是不是因为在团队需要依靠你的时候，你没有表现出能令他们信服的态度呢？

徐芳：我好像的确有这方面的问题。比如，上报采购计划时，组内调研了两个公司的同类软件，它们在功能、价格上各有优劣，我们需要确定采购其中一种并报计划。虽然事情不大，但因为采购金额有数十万元，我犹豫了好几天，没有果断地定下采购方案。

朋友：后来怎样了呢？

徐芳：后来他们告诉我，过了上报的时间，他们得等下一个季度才能采购。以前这种决定都是主管来做，现在我成了主管，需要我做决定的时候，我总是瞻前顾后，在别人看来是不是就特别不靠谱？

问题分析

作为管理者，我们区别于团队成员的一点是，在关键时刻要能让人依靠，而不是习惯依靠别人。徐芳没有转变思维，还在用工程师的思维去想如何做事，而不是用管理者的思维去做决断，因此遇到需要做决定、担责任的时刻，过于小心导致优柔寡断。这样不仅会错失机会，也会给团队成员释放出“这个管理者不值得信任”的信号，我们就很难建立身为管理者的威严，这也会影响我们工作指令的下达和完成。

管理工具　利用决策树做好取舍

敢决策只能说明我们具备了管理者的责任感和勇气，但不代表会做决策。提升决策能力，才能在关键时刻把握住团队机会，我们可以利用“决策树”来梳理问题，做好取舍。

决策树适用于需要在多个选择中进行权衡和取舍的复杂决策情境。它通过图形化的方式展示决策过程中的各个选项、可能的结果及其对应的概率和收益，能帮助管理者和团队成员清晰地看到每个决策路径的潜在影响。

一个决策树一般由两部分组成：方形的决策节点和圆形的结果节点。如果决策受到多个因素的影响，每个因素都是一个决策节点，我们需要考虑如何取舍。走过不同的决策节点，意味着我们依次考虑了每个因素，而每个因素都会导向各自的结果节点。此时，我们的想法也就非常明确了。

如果不将决策节点做成决策树的形式，我们就容易忽略某些因素，在决策时就会考虑得不够全面。通过决策树来梳理思路，我们可以清楚地分析所有的影响因素和其优缺点，也能相对客观地走向一个明确的结果，让我们保持头脑清醒果断做出判断。

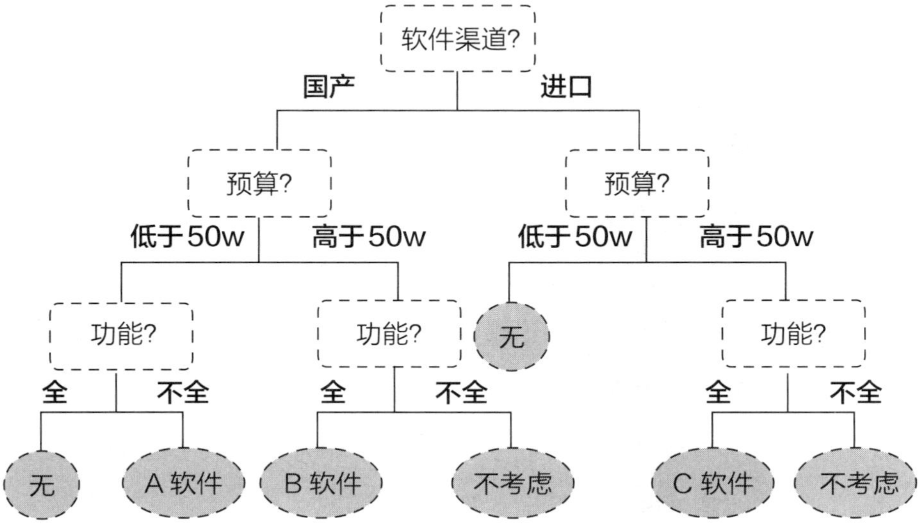

应用解析　实际决策时应该有什么思路流程？

决策的过程可以利用决策树帮助我们梳理，但涉及团队工作，实际决策时需要考虑的环节会更加复杂。这时，我们可以建立一套可参考、可复制的思路流程，在每一次决策时都可以使用。

1.明确决策权　在决策过程中，我们需要考虑的不同因素也涉及不同成员负责的部分，因此，可以将每一部分的决策权和建议权交给对应的负责人，听取、参考对方的意见甚至授权决策，我们作为最终决策人即可。这样既能激励大家积极参与，同时也能让专业的人去做专业的事。

2.简化信息流　设立信息过滤机制，在决策时只传递影响结果的关键信息，避免我们同时考虑太多垃圾信息，导致信息过载，反而影响思路。将复杂的内容简化为便于理解的要素，能更清晰地进行决策。

3.建立决策树　将简化信息中的关键词提取出来，建立决策树，每个决策环节可以按照之前的分配，交给有决策权的相关负责人进行考虑。

4.评估决策框架　决策树完成后，可以让团队成员对这一决策框架进行评估，补充完善尚未考虑到的关键信息，同时删减掉影响不大的冗余信息。

5.鼓励自由表达　决策时，我们也要征求团队成员的意见，鼓励成员自由地表达想法，成员不必顾虑决策失败的后果。只有群策群力，才能提高决策的正确性。

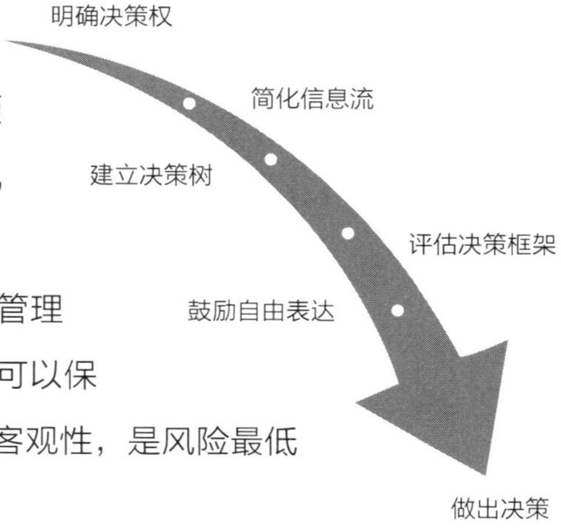

而经过讨论后，就可以由团队管理者做出最终决策。这一思路流程既可以保证成员的参与度，又能提高决策的客观性，是风险最低且最实用的决策流程。

懂得授权才能轻松

勤奋的管理者就一定能成为好的团队管理者吗？未必。有时候，团队管理者要懂得聪明地“偷懒”。这并不是鼓励身为管理者的我们在工作中什么都不管，而是要学会将部分工作授权、下放给团队成员，摆脱一切亲力亲为的习惯。我们在减轻自身负担的同时，也让团队成员得到成长，这样才能逐渐把团队做大。

问题场景　为什么管理团队总让我感觉到疲惫不堪？

刘蒙是某公司的基层主管，长期在一线带领一支小团队完成某项目开发工作。她工作细心认真，对自己负责的项目向来亲力亲为，即使分配给下属的工作，她也会时刻关注、把控方向，每次都能交上完美的答卷。升职为高级主管后，刘蒙还按照以前的工作方式处理事务，却发现自己逐渐力不从心。

下一级主管：上司总是越过我给基层员工指派工作，不给我任何负责的项目，但是追责时却总叫上我，我感觉自己被架空了，也没有发展前景。

基层工程师：刘主管要求我们直接汇报，她又总是没时间耐心听，一有问题就骂人，这样让我们主管很尴尬，我们也没法推进工作。

刘蒙还是喜欢事事过问、大包大揽，明明可以分配给下一级主管负责的工作，却要像以前一样跟踪到最基层的执行者，并让他们时刻给自己汇报进度。这样一来，她自己忙得不可开交，非常疲惫，却吃力不讨好。

问题分析

刘蒙在基层做了太久的工作，习惯了亲自把控每个项目的过程和结果，不知道如何授权给他人进行团队合作。管理更多的人时，她只是习惯接下更多工作，让自己忙得晕头转向，下一级主管却陷入汇报难、无工作可做的尴尬状态。这时候，她应该改变这种直接与基层对接的扁平化管理模式，建立层级结构，授权一部分团队成员负责具体方向，自己只要听取下一级主管的汇报即可。只有懂得授权，才能管理更大的团队。

管理工具　矩阵化管理实现清晰授权

作为团队管理者，我们应该怎样操作才能实现清晰授权呢？通常情况下，一个团队的工作往往可以从两个维度进行分配。

一个是职能维度，一个团队往往具有不同的职能岗位，每个职能岗位有一个或多个成员。我们在授权时，可以先按照职能划分，然后每个职能挑选出一个比较合适的负责人进行统筹管理，这样就避免了烦琐、重复的沟通工作。

另一个是项目维度，一个团队也会并行多个项目，每个项目都需要不同职能成员的合作参与。我们可以根据合作项目来划分，选出对应的负责人针对项目进行汇报。

还有一种更清晰的授权方式，就是团队中“轻量级”的矩阵化管理。矩阵化管理一方面保留了按照职能划分的小组，平时常规的组内管理、技能培训、学习交流和发展汇报等都由该职能负责人统筹，这可以帮助成员完成在自己领域的发展和深耕。另一方面，需要设置项目负责人。分别从不同职能岗位上抽调成员组成一个项目小组，跟项目进度、具体工作、产出成果相关的内容由项目负责人管理，确保成员能有足够的产出。而成员最终的绩效考核，则由两个维度的负责人各自给出，主管进行综合评价。

矩阵化管理的方式考虑了两种分配逻辑，兼顾了个人发展和产出成果的需求，适合帮助我们梳理团队授权的逻辑，更全面、放心地将工作授权给他人。

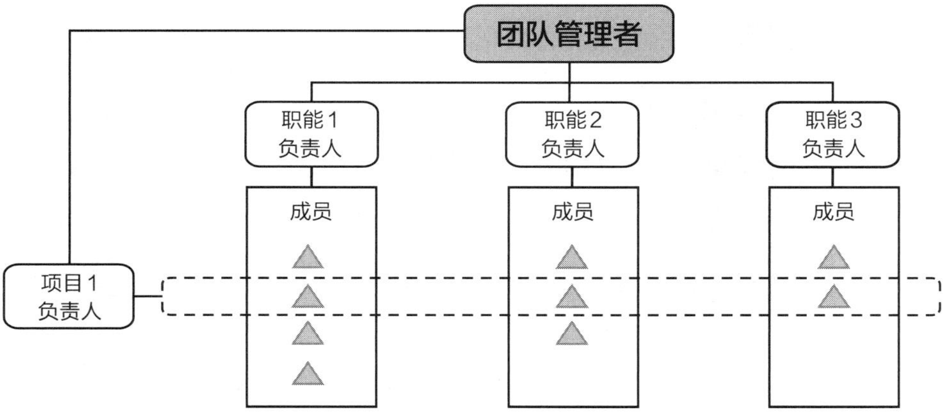

应用解析 如何选择合适的负责人进行授权？

当我们有了矩阵化管理的思路后，如何选择合适的负责人也很关键。授权给他人，一般有两种目的：希望对方能负担一部分工作并做好交付，或者希望对方能在负责某项事务时得到成长。前者是针对资历较深、工作能力强的成熟员工的要求，后者是培养团队新生力量的期望。针对不同的职能和项目需求，我们要灵活考虑如何选择授权对象。

在选择职能负责人时，可以多选择成熟度高、资历深、经验丰富的员工，凭借他们对岗位的了解和对技能的深入认识，更快速地带领该职能成员快速学习成长，并在对方遇到工作问题时提供必要的帮助。他们是稳定团队的中坚力量，能确保团队的职能完整，所以要选择稳定度高的成员。

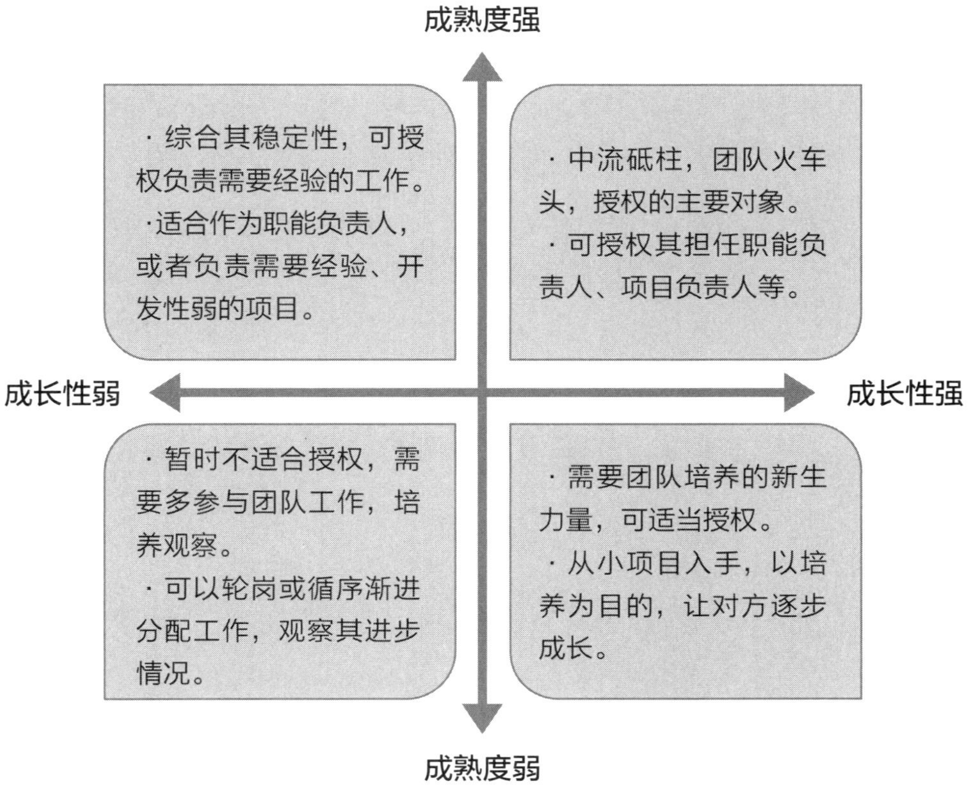

项目负责人需要考虑有冲劲、有开拓能力的成长型对象，如果是技术成熟且成长性强的员工，可以让其身兼多职、重点培养，给对方授权团队中较为核心、重要的项目，培养他们成为团队的“火车头”。对经验较浅但是成长性强的员工，可以让他们尝试一些不着急、重要性较低或者规模较小的项目，通过授权让对方在工作中得到锻炼和提升。而对于资历浅且成长性弱的员工，可让其在不同岗位轮岗、多参与项目，前期不急着授权，多观察和培养。

这种思路，既能保障不同类型的员工都能人尽其才，发挥自己在团队中的作用，又能满足员工的职场期望，给他们上升和学习的机会。

让新成员与团队一起成长

没有人天生就是团队中的资深员工，不管是接手一个团队，还是从无到有打造一个团队，对管理者来说，培养新成员的能力十分重要。这决定了团队的发展能否具有稳定性和可持续性，成员培养一旦断代，不仅会造成无人可用的局面，还可能促使新成员稳定性下降、离职率上升，对团队产生负面影响。

问题场景　为什么新成员的离职率总是居高不下？

刘经理最近被上级主管问询，为什么他的团队离职率非常高，不少新成员没通过试用期就离开了，并让他反思其中的原因。回到办公室，刘经理也百思不得其解——明明老成员都非常稳定，为什么新成员就是留不下呢？他组织了几个还留在团队的新成员开了一次聊天会，请他们畅所欲言，提出合理的建议。

小杨：我感觉我们团队的前辈已经将职位都占完了，作为新成员，对工作有点无从下手的感觉，也不知道自己的职场定位是什么。

小李：我来了已经一个多月了，还是在干杂活，团队工作多的时候就给我分配一些，有需要时就教我一点，但我学到的知识不系统化，总觉得在工作中没有进步。

小孙：因为我这个岗位最近工作量比较大，所以挺充实的。但有时候要忙到很晚才能完成工作，还要消化完新学的内容，我常常感觉压力很大。

刘经理发现，这几个新成员反映的问题确实都比较典型，而他也很苦恼应该如何解决这些问题。

问题分析

刘经理团队隐藏的最大问题是团队已较为成熟，老成员已经能支撑团队的运转，刘经理又疏忽了新成员的培养，这就导致新成员游离于团队之外，成了一些“外包”的角色：有工作时就拿来用，没工作时就晾在一边。长此以往，新成员很难建立对团队的归属感，自然就缺乏稳定性。想让新成员融入团队，不仅需要做好入职阶段的培训，在之后的工作中也要有一套系统化的安排，才能让新成员跟团队一起成长，甚至逐步担任重要角色。

管理工具 新成员的闭环式培养

想要团队的新成员能跟大家一起成长，在团队工作中既有付出又有所收获，最终成为紧密的一分子，这不能仅仅依靠成员单方面的努力，还需要管理者流程化的指导。“以老带新”是一种常见的模式，下面就来详细讲一下如何以导师制的形式，进行新成员的闭环式培养。

闭环的流程应该是“明确岗位工作—建立技能库—讲解—演练—重复—改进—强化—独立—创新”。不管现在的团队是否已经足够完善，只要招纳新人，我们必然期望他们以后能承担相应的工作，所以明确新成员岗位很重要。岗位确认后，我们应立刻列好技能清单，建立技能库，然后分配导师，按照技能库中的技能依次进行闭环的培养。培养流程最好基于实际的项目，这样一套流程下来，基本能确保新成员可以掌握独立完成岗位的核心技能，并且有了参与项目的经验。这不仅培养了他们的专业技术和工作经验，也让他们在跟老成员的合作中建立了紧密的联结，自然融入团队。

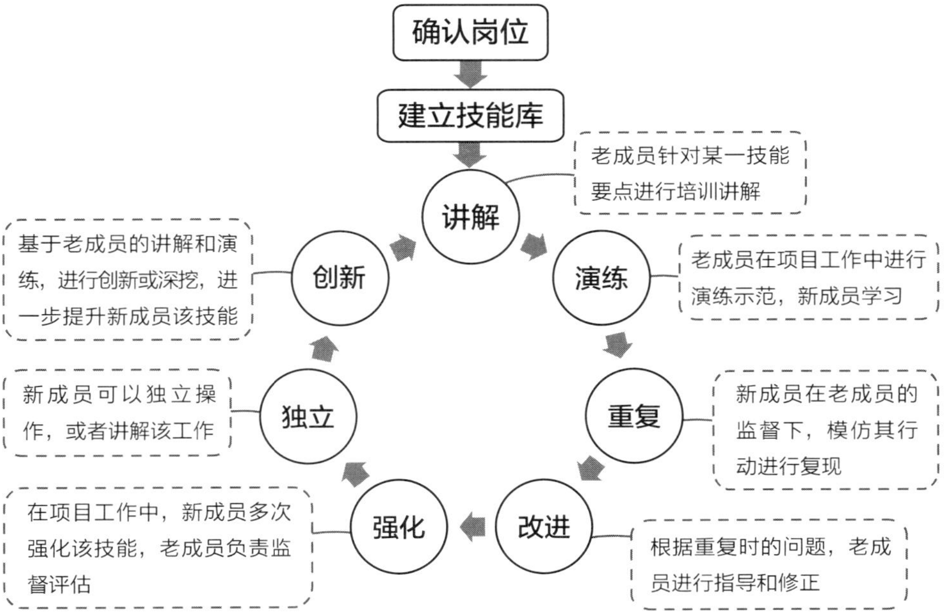

应用解析　如何筛选配对导师和新成员？

想让新成员的闭环式培养真正得以实现，管理者除了需要在拟定培养计划阶段斟酌流程之外，还要考虑实施者的参与，即老成员愿不愿意做导师、能不能做好导师和参与培养能否形成反馈。这不仅需要我们精心筛选合适的导师，还需做好导师的激励工作，让大家都能在培训中获益。否则，仅仅依靠导师的热心，不但很难让这种培养真正落地，还容易引起老成员的不满，对团队反而没有好处。

在筛选配对导师和新成员的过程中，我们需要明确四个要点。

1. 明确意愿　让只有老成员认可导师制，并愿意参与和配合，他们才能将所学教授给新成员。需要在团队中建立“导师荣誉观”，让大家意识到做导师是对自己的认可，是一种肯定和荣誉，他们才会有意愿参与。

2. 筛选能力　导师一定要有足够的素质，如经验积累、技能水平、沟通能力。如果让一个新成员去带另一个新成员，对方很难学到核心知识。导师一定要有足够的专业水平，而且善于教人或与人沟通，不然培训效果也不会好。

3. 做好记录　闭环的培养流程也需要做好纸面记录，可以让新成员进行整理、老成员签字确认，一方面可以作为宝贵的学习材料供新成员复习，另一方面也起到了存档监督的作用，加强培养质量。

4. 加强激励　对参与培养环节的老成员，要给予足够的激励，这才能保证其积极性，如综合考虑绩效、优先升职加薪等。对培养中表现出色的新成员，也要多给机会，将其列入成长性强的队伍，给他更多参与项目的机会。

时间管理有魔法

需要团队群策群力完成的项目，往往都相对复杂、周期较长，参与人员越多，我们就越要注重各个部分是否能按期交付。不然，你拖一天、他拖一天，看似都无关紧要，累加起来就会让整个项目的交付时间拖延。这时候，我们需要掌握一些时间管理的方法，作为组织者和管理者协调好不同项目的进度，监督各个模块和负责人按时完成进度，并用系统化的工具协助他们做好时间管理。

问题场景　为什么我们的项目总是拖延？

柯云是一家半导体公司的项目经理，今年有两个重要的芯片设计和流片项目。由于流片之后还要安排测试和迭代，要协调的部门很多，因此项目周期卡控就特别严格。可是柯云发现，他们总不能按照最开始估算的时间点交付。

柯云：为什么我们每个环节的交付都会拖延？

设计工程师：设计早就做好了，但是调试也需要时间，总有一些意料之外的地方需要修改，有时候沟通不畅，我就得反复修改代码，浪费了不少时间。

后端工程师：设计端压缩了我们的时间，我们的模块工作量又特别大，从综合布线到时序分析、物理验证……全都堆在手里，实在是焦头烂额，真的做不完。

版图工程师：因为我们的方案反复地进行修改，我们也要跟着改版图。有时候，不同版本的文件和任务让我们感觉很忙乱，一旦弄错版本就白做了。因此，我们做了很多无用功。

柯云发现，项目预估周期时，大家都过于乐观了，忽略了返工、修改、协调等意外情况，所以拖延是必然现象。

问题分析

柯云带领团队负责的工作比较复杂，成员除了要完成自己环节的工作，还要跟上下游进行配合，处理突发事件，时间管理没处理好。团队中时间管理主要有两方面问题，一方面，不同环节之间没有考虑到返工、合作、协调可能花费的时间；另一方面，环节内部的工作量较大时，团队无法按照优先级进行梳理，逐件安排、清晰高效地处理。

管理工具　GTD工作法进行任务管理

时间管理的一个重要环节就是做好任务管理。大多数时候我们都是多线工作，需要同时处理多个任务。手头在处理一个任务时，我们心里还要想着其他的任务待会该怎么安排，一旦任务量过大，就容易产生烦乱的情绪，任务安排也会缺乏逻辑性。这时候，可以用GTD（Getting Things Done）工作法对任务进行梳理。

GTD工作法主要有以下五个步骤，按照“收集—处理—组织—回顾—执行”的顺序来划分，其核心原则如下。

1. 将思维外置：所有的任务和想法都可以收集在一个外部系统中。

2. 明确行动步骤：在处理和组织的环节中，要明确每个任务完成时的具体步骤，可以提高时间估算的精准性。

3. 定期回顾：进行定期回顾，才能保持系统始终清晰、可用。

4. 灵活处理：根据当前的时间、项目的紧急程度和精力，灵活调整选择最合适的任务来执行。

应用解析　如何做好工作中的时间管理?

有了任务管理的可参考工具后，我们还要建立明确的时间管理思维，了解基本的时间管理。

1. 项目流程规划　一方面，在初期的项目规划中要尽可能考虑到必然出现的意外影响，如发现问题、推翻现有内容并解决问题可能耗费的时间等，预估越准确，流程才越有意义；另一方面，规划的流程要有逻辑性和完备性，在关键环节设置监控和验证，确保前期工作没有问题，才能避免大范围返工，起到压缩时间的作用。

2. 任务时间管理　利用GTD工作法等工具，对任务进行梳理和监控，可以减少很多思考和犹豫的时间，使思路更加清晰，全身心地投入工作中。

3. 个人日志管理　每个成员都应养成记录个人时间日志的习惯，记录每周的时间使用情况，分析哪些环节浪费了比较多的时间，有针对性地改进，提高工作效率。

综合起来，就可以对项目进行更好的时间管理工作。

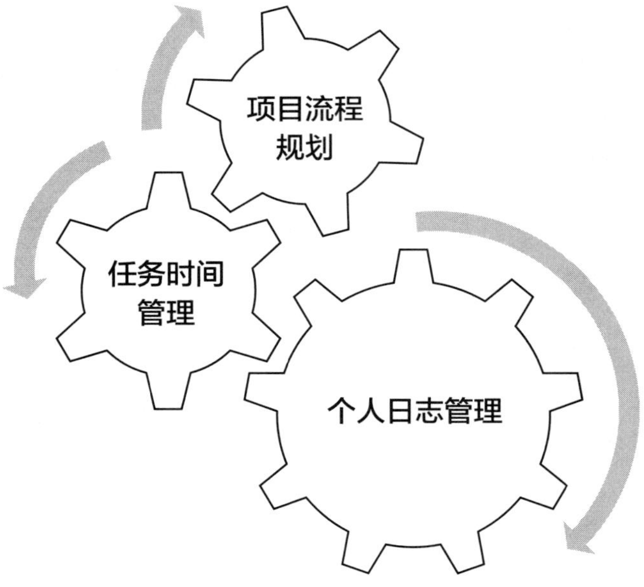

重视团队文化和认同感

讲到带团队，很多人都觉得，管理者一定要比团队中任何人的专业素质都强，必须在各个领域做到资深，才有资格成为管理者。实际上，管理者的核心职责在于组织、协调与引领，他们的工作重心在于构建高效团队，激发团队潜能，而非在专业技能上独占鳌头。一个好的管理者不必样样都行，但要懂得完成自己的任务。

问题场景　作为管理者，不懂自己的定位怎么办？

于经理是一个销售团队的小主管，作为资深销售员，他带领一群新成员一起开拓市场。他手把手教新成员如何做好销售，很快培养了一批不错的销售精英。于经理觉得自己的管理做得不错，很有成就感，可是当团队一切步入正轨，团队成员的业绩也节节攀升时，于经理却开始觉得有些恐慌和焦虑，他找不到自己现阶段的定位了。

于经理：我总担心教会徒弟，饿死师傅。现在团队中的新成员综合素质太好了，很快就能胜任销售工作，甚至比我做得都好，我已经没有用武之地了。

朋友：你的下属能力强，你不应该高兴吗？要知道，他的业绩也是给你添光彩啊！

于经理：这不是压力也很大嘛，总感觉自己也不能教给他们什么了，我会不会很快就被取代呢？

朋友：我看你还是思路没有打开，一直把自己当成团队的"前辈"，而不是"管理者"。管理者不用事事亲力亲为，也不必在业务上强过别人，应该善用管理方法来带好这个团队。与其担心他们取代你，不如多在管理方法上下功夫，让大家认可你，你就照样是无可替代的。

问题分析

于经理面临的问题是很多新晋管理者普遍面临的问题——难以清晰界定资深一线职员和管理者的区别，并习惯性地以过往的个人贡献视角来管理整个团队。一线员工需要磨炼和提升自己的专业技能，提高岗位所需的专业知识水平，以增强自己的竞争力。而管理者则不同，团队最专业的未必是能带好团队的人，他们即使精通某项工作，也不可能涉猎团队中所有的岗位。考验管理者的，往往是对项目、人事关系等更繁杂信息的处理。

管理工具　管理者的“黄金三原则”

身为管理者，我们有三个必须关注的领域，也称为“黄金三原则”，这是带团队时真正让我们具有竞争力的“专业技能”。我们想从一个专业岗位进阶或转型成管理岗位，就需要转变自己的思维，把原来跟技术打交道的思维转变成管理思维，掌握“黄金三原则”能让我们快速实现管理思维转换。

1. 原则一　聚焦管“事”。什么是“事”？项目从计划到落地实现，过程中所发生的所有事就是“事”，管理者不需亲力亲为、把控细节，只要做好计划、统筹人员和流程、把控每个环节的完成时间和结果即可，管理好这些“事”，项目才能有条不紊地进行。

2. 原则二　聚焦管“人”。任何集体都是一个小社会，团队中的每个成员都有自己的个性、喜怒和想法。管理者在聚焦工作的同时，也不能忽略每个人的心理需求，只有了解团队成员，懂得他们的需求，知道根据成员的性格来进行针对性的沟通，才能更好地管理整个团队。

3. 原则三　懂得布局。管理者就是一个“抓大放小”的角色，聚焦于当下，首先要管好“事”和“人”，但着眼未来时，管理者一定要比团队成员看得更远，懂得提前布局，才能引领团队走一条正确的发展道路。这需要管理者建立大局观，了解行业前沿和最新进展，把控团队发展方向，多做调研、多了解同行竞争者和上下游合作者之间的动向，基于数据做出更加准确的判断。

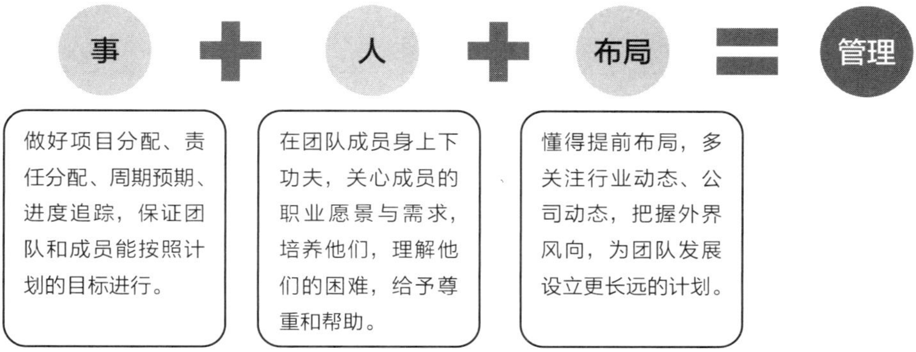

应用解析　好管理者为什么能带好团队？

好的管理者之所以能带好团队，关键在于他们具备一系列核心能力和特质，这些能力和特质共同作用于团队氛围、成员激励、目标达成及持续发展等多个方面。以刘备为例，作为蜀汉的开国皇帝，刘备素来是人们心目中的“好主公”，能以最差的开局谋得最终“三分天下”的态势，跟刘备作为明主的魅力分不开。从刘备的行事风格中，我们可以看到一个优秀的管理者应该具备哪些特征，也能看到他是如何运用“黄金三原则”的。

待人

· 仁德之心：刘备对下属与百姓极尽关怀，这让他的团队十分忠诚，他在困境中也能得到百姓广泛支持。
· 知人善任：他能发现和任用贤才，还能根据每个人的特长和性格来分配合适的岗位，互相打好配合。
· 礼贤下士：他用人不拘一格，不仅重用自己微末时的兄弟，也能吸纳外来贤才，他三顾茅庐打动了诸葛亮，这种态度让许多有识之士也愿意投奔。

对事

· 坚韧不拔：刘备早期颠沛流离，后期多次受困，但从不放弃，坚韧不拔地追求最初的目标，带领团队不断前进。
· 以身作则：他注重与团队同甘共苦，这不仅能激励下属，也能增强团队凝聚力和战斗力。
· 沟通能力：他善于沟通，能跟各方势力、各类人群建立友好的关系，这能帮助他协调团队内外的关系。

布局

· 战略眼光：刘备具有长远的目标和布局，在荆州便积蓄力量，直到在益州建立根据地，这让他在复杂局势中能找到发展之路。
· 灵活机变：面对局势的变化，他懂得灵活调整策略。比如，在与曹操、孙权的多次交锋中，他通过应变能力多次转危为安，在劣势时找到突破口。

如何召开有效的会议

学会开会是每个职场人的必修科目，但我们往往受困于缺乏重点的议题、格外冗长的发言、参会人员充满冲突和对抗的态度、互不相让的争执……这让许多人感觉开会是一件令人疲惫且浪费时间的事。但是要带好团队，通过会议高效地安排工作、促进每个参会者的沟通，是我们的必备技能。每个管理者都要学会召开有效的会议，这是管理者必须培养的素质。

做一个会开会的管理者，能高效地调动团队成员，就能产生完全不一样的会议效果。召开一次简洁高效、直面问题、落实行动的会议，我们能在团队成员面前树立作为管理者的正面形象。

问题场景　为什么我们总在开会？

在一家科技公司，项目经理张伟召开了一次团队会议，来讨论新产品的开发进度。参会成员态度非常积极热情，纷纷响应张伟的号召，提出了各种各样的想法和问题。

李明：我觉得我们应该先确定一下产品的主要功能。

王静：但是市场策略也很重要啊，我们需要知道目标客户是谁。

赵鹏：对啊，还要好好考虑一下技术实现的可行性。

张伟：时间到了，今天的会议就到这里吧！

大家收拾东西准备离开，此时李明突然反应过来。

李明：我们这次会议得出了什么具体的结论吗？

张伟这时才发现，虽然会议讨论内容从产品功能到市场策略无所不包，但结束时竟没有达成任何具体共识。

问题分析

张伟和同事们召开了一个小时的会议，虽然看似讨论了许多问题，但没有一个能够实现。这是因为张伟在会议开始时没有提出明确的目标，导致讨论偏离主题，浪费了时间和资源，无法有效地解决问题或推动项目进展。学习如何开会是我们带团队时需要重点关注的问题。管理者只有懂得有效地组织会议，才能打造高效团队。

管理工具 团队管理者需要关注的四个开会要点

作为团队的组织者和管理者，我们需要成为把控全局的人。开会时，我们未必需要贡献什么具体的方案，会议结束后也不一定要事事亲力亲为，但我们必须做到把控会议的节奏，心中有目标，合理安排团队人员的工作，推动具体事务进展，这样才能使会议变得有效。我们在组织团队开会时要注意目标、时间、参与、行动四大要点。

会议应该有一个明确的目标，可以帮助参会者了解他们在会议中的角色和责任，使会议更有焦点，避免无关的讨论，提高效率。要做好时间控制，如果会议拖延太久，可能会影响参会者的其他工作和计划，导致他们失去兴趣和注意力。同时，会议是一个团队协作的过程，管理者应该鼓励参会者积极发言，高度的参与可以使会议更有活力，也可以提高决策的质量。最后，会议的目的不仅是讨论问题，更重要的是解决问题。因此，会议结束后，管理者需要确保所有的决定和行动计划都被明确记录下来，并分配给相应的人，确保会议的成果得到实施，这样才是有效开会。

明确目标	· 每次会议之前我们一定要明确开会目标，知道本次要解决的问题是什么。问题要具体，最好是在一次会议中能讨论并落实的事情。
时间管理	· 控制好每个议题的讨论时间，避免会议超时、讨论无休止，也能防止有些重要的议题没有讨论完，对提高团队的工作效率和士气都有好处。
提高参与	· 鼓励每位参会者发言，建立轮流发言机制，确保每个声音都被听到，才能发挥团队的多样性和创造力，让决策质量更高。
行动规划	· 在会议过程中一定要做好记录，明确行动计划，按照每个人的职能分配任务和责任，这样才能将会议的部署落实下去，真正推动项目前进。

应用解析　怎样通过会议纪要落实四大开会要点？

1. 议程准备

在开会时，需要提前准备会议议程，明确会议目标、会议内容、会议时间、会议地点、参会人员等，并将议程至少提前1～2天发送给参会者。在会议开始时，作为会议的组织者，还要简要回顾议程。

2. 时间记录

进行会议记录时，时间记录是必不可少的一项。针对每个议题，设置具体的时间，我们可以在接近时间时提醒参会者，确保发言讨论的节奏在预期之内。做好时间记录，把控议题长度，会议就能按计划进行。

3. 会议纪要

会议纪要的存在十分有必要，记下会议中的每个重要事项，并将会议中所讨论的需要完成的事项归类到责任人，这样才能做到“有效开会”。会议结束后，将会议纪要和追踪事项发送给与会者，并标注追踪事项的反馈时间。通过会议纪要，参会者能够落实会议中讨论的事项，提高执行力。

4. 会议追踪

会议结束后记录行动计划和任务分配，管理者可以在任务管理工具中追踪任务完成情况，在临近约定的反馈时间时，汇总任务完成状态以备下次会议讨论。

通过设定明确的会议目标和议程、有效的时间管理、提高参与度以及明确行动计划和责任分配，可以大幅提高会议的效率和效果。

围绕主题
进行头脑风暴

很多团队从事的是创造性工作，需要激发每个成员的想象力和创新能力。带团队时，管理者要掌握一些让团队成员产生“头脑风暴”的方法。讨论会是一种非常好的形式，围绕主题的分享和讨论能激发成员的思考，好点子往往就是在争论和思索当中诞生的。但有时候这样的讨论会却显得不尽如人意，变成了耽误时间的无效会议，这是为什么呢？

问题场景 为什么讨论了半天仍然没有好点子？

李经理是某个广告公司的创意总监，带领自己的团队为客户策划广告活动。为了激发团队的创意，他定期组织大家一起“头脑风暴”。然而，最近几次会议的效果不尽如人意，团队讨论经常偏离主题，总是不能产生有价值的创意。

李经理：我感觉咱们今天的讨论会有点失控了，讨论的内容太散了，大家提了很多点子，但很多都跟主题不太相关。

小王：我也感觉大家有点跑题了。我们本来是要讨论新产品广告的创意，但后来花了太多时间谈论市场营销策略和其他项目的事情。

小张：可能大家都有很多好想法，但发散性太强了，没围绕主题进行讨论。

李经理：我觉得我们需要一些方法来确保“头脑风暴”能更聚焦于主题。你们有什么建议吗？

小陈：我们可以在会议过程中反复点题，强调主题和目标，及时引导大家回到主题上来。

李经理：这样很好，但总觉得还是不够聚焦，不能让我们的发言一直紧扣主题。

问题分析

李经理的团队并不缺乏创新性和参与感，大家都很积极，也愿意为了团队工作思考，但思维都较为跳跃，很容易发散联想，导致大家浪费大量时间讨论不相关的问题。“头脑风暴”形式的讨论会，就是希望能在短时间内大家聚焦一个主题，快速碰撞出火花并诞生好点子，最忌讳过于发散、缺乏关联性，所以在这种讨论会上，一定要强调“主题”，并将大家的思路都引回到主题上来。

管理工具 利用思维导图围绕主题讨论

在讨论会上，我们可以采用反复点题、提醒大家回归目标这种阶段性提示的方法来防止发言偏题，但无法避免成员思维过于发散。因此，要让大家主动将思维聚焦在主题上，提高讨论的效率。参会成员可以在讨论会上绘制一张思维导图，并且在讨论的过程中逐步完善它。这不仅能记录并梳理思路，还能吸引所有人的目光，让大家时刻围绕着该框架进行思考，使发言更加有逻辑性和专注性。

思维导图的中心部分是本次“头脑风暴”的主题，也是贯穿整个会议的核心议题，将它放置在中心，可以起到时时提醒、避免思维过于跳跃的作用。

从核心议题延伸出去的几个子议题，就可以当作思维导图的主要分支，并列绘制在图中。优点是无论我们在讨论哪个子议题，都会同时看到其他议题以及彼此间的关系，不会有疏漏，也更容易激发我们联想到不同议题之间的相互影响和逻辑关系，使思维更清晰。

每个主要分支之下，可以记录会议过程中讨论的方案、点子。团队成员可以进一步展开讨论，无限延伸分支层级，添加具体的创意和想法。这种方式确保了梳理思路的逻辑性，让所有讨论都能围绕中心主题展开，有效避免了思维发散的情况。

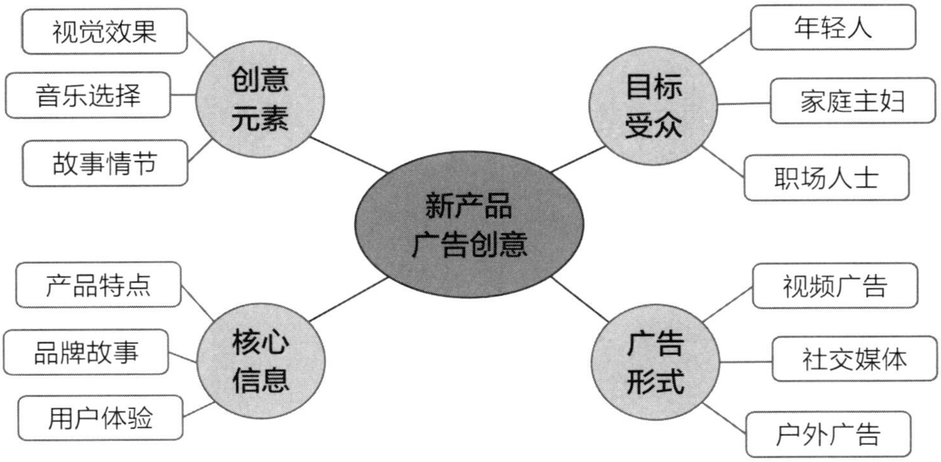

应用解析　如何合理安排“头脑风暴”讨论会?

很多创意型团队都很注重讨论，但并不是每一次讨论都能起到“头脑风暴”的作用。在组织这种会议时，作为管理者，我们首先要理清思路，明确几个关键点，才能掌控好团队的讨论方向，不至于让成员们在激烈的兴奋讨论中成为脱缰野马，思路向着主题之外奔去。

1. 明确主题和目标　管理者自身一定要明确讨论的主题和目标，知道我们想要通过讨论获得什么结论或想法。如果连我们都十分茫然，抱着“试一试”的想法进行讨论，很难得出有用的结论。

2. 有时间管理观念　在讨论时可以善用定时器或者时间计划表，我们为每个创意和子主题设定好讨论时间，确保讨论尽可能全面，避免在某些方面讨论得过于详细、深入，某些地方又草草略过。

3. 做好思路引导　制作一些引导卡片，在讨论时发现成员偏离主题，就使用写有“回到主题”等字样的引导卡片提醒大家，或者口头进行提醒，做到把控全场。

4. 使用思维导图记录　利用思维导图工具，对讨论的内容进行实时记录，这不仅可以帮助大家梳理思路，还能紧扣核心议题。

做到以上四个要点，我们就可以把控好一次“头脑风暴”会议的方向，让大家尽情挥洒自己的想象和创造力。

PDCA：团队工作要闭环

许多外企和大型公司强调最多的就是“工作闭环”。这是因为大型公司的许多项目时间周期长，员工如果没有闭环思维的话，就会“三天打鱼，两天晒网”——初期会积极跟进，时间一长就会将该任务忘到脑后。这样做短期内或许没有什么影响，但如果人人如此，项目运转就会出现问题。所以，我们带团队时也要沿用这种强调闭环的思维，安排到人的工作，负责人一定要完成闭环流程之后才能算交付和完结。

问题场景 为什么项目进展到一半，有些工作就没人负责了？

庞飞是工程部门的负责人，前阵子部门接了几个项目，任务不紧张，周期长达一年，他分派下去之后就没有及时跟进项目进度，等想起来跟进任务进度时，才发现不少工作都找不到负责人了。

庞飞：小李，二阶段项目进展不是由你来汇报吗？为什么还没开启二阶段的项目？你也没向我汇报任何工作进度。

小李：一阶段项目都还没完成呢，一直没人通知我什么时候开启二阶段，我以为这事还早呢！

小张：小李在进行一阶段项目调研的收尾工作，您没规定工作节点，我们以为不着急，就做得比较详细。

庞飞：那你的成本预算做得怎么样了？

小刘：根据一阶段的项目情况，我发现当前的成本预算方法有点偏离实际，正在思考如何处理这个问题，所以还没做下一阶段的预算。

庞飞：所以，这些工作都停滞不前了吗？

问题分析

庞飞带团队时，没有考虑到长周期项目应该如何安排。长周期工作意味着时间截止信息模糊，实施时外界变动大、影响因素多。因此，我们在推进工作的过程中要明确责任人和不同阶段的截止日，即使是没有截止日的，也要按照一定周期进行汇报和推进，不然就很容易陷入无人管理、项目停滞不前的困境。此外，工作中可能遇到一些问题和需要迭代的地方，也需要我们及时进行检查、更新和行动，不然一出现问题就容易暂停很久，出现明明有负责人但实际上无人推进的情况。

管理工具　PDCA闭环工作流程

在带团队时，我们可以在工作中采用系统化的方法来确保每个环节都能闭环，在每个负责人手中实现“小闭环”，在整个项目中实现“大闭环”，而PDCA循环工作法就是一个非常有用的闭环工作工具。

“P”代表“Plan”，就是计划。在项目开始前，需要制定详细的项目计划和任务清单，明确每个任务由谁负责、截止日期和预期成果。一定要确保分配的工作量适当，能让每个负责人跟踪完整个计划，不要出现多个人负责跟踪一个任务的情况，时间长了，都容易造成职能不清晰。

“D”代表“Do”，就是执行。负责人一定要定期上报进度，而作为管理者则要实时跟踪任务的进展，才能保证计划中的工作都能落地。

“C”代表“Check”，就是检查。项目进行时需要定期检查，评估每个任务完成的情况和进展，如果任务完成效果不佳或进展反馈不及时，应立刻寻找原因并罗列问题。

“A”代表“Act”，就是行动。每个任务出现问题时，如果在检查阶段发现存在问题，就需要在行动阶段进行复盘、分析和改进。

而改进之后，可以再走一遍“PDCA”流程，直到最终完成任务为止，这就实现了一个小闭环，而整个项目的完成就实现了大闭环，这种大小闭环嵌套的模式，可以让我们的工作在任何阶段都能追踪到进展，也能找到负责人，效率也会更高。

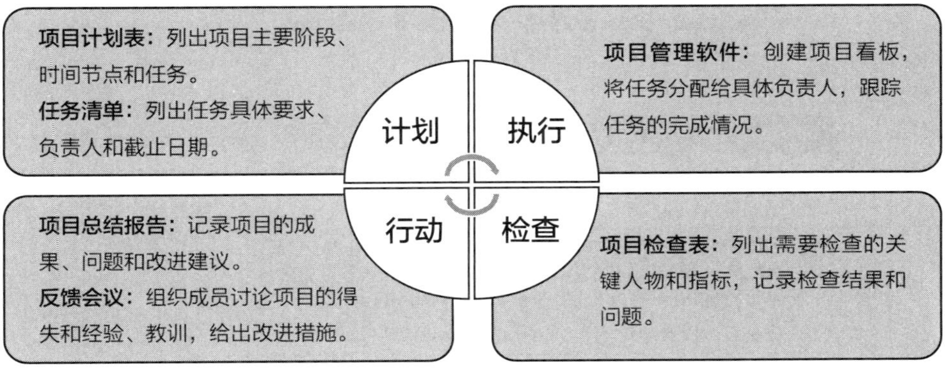

应用解析　每日早会对项目跟踪能起到什么作用?

一提到会议，我们经常感觉十分无用和无聊——冗长的内容、繁复的流程和跟自己工作无关的讨论，似乎只是浪费时间。但是在执行工作时，团队内部的每日早会非常重要，每日早会主要是实时更新工作进展和发现问题，确保团队管理者及时了解工作的进度，并及时解决问题。每日早会应主要围绕三个话题进行。

1. 昨日的工作　前一天的工作总结，可以同时上报项目进展，既起到了更新项目进度的作用，又能起到监督效果，确保团队每天都有进展，不会把工作堆积到最后一段时间再做。

2. 今日的工作　主要是当天的工作计划，一方面可以让团队管理者帮助把关，根据轻重缓急安排好当天要做什么；另一方面也是强制成员做好每日计划，防止工作时没有目标和规划。

3. 问题上报　如果前一天在工作中遇到了问题，可以在早会上提出，让管理者了解情况，以便及时协调资源或者提供帮助，快速解决问题。

时间固定

- 每日早会应在固定的时间举行，确保所有团队成员都能参加。
- 建议在一天工作开始时举行，以便更好地规划当天的工作。

时间限制

- 每日早会应控制在 15 分钟内，避免会议过长影响工作效率。
- 团队成员应简明扼要地汇报进展，避免过多细节。

站立进行

- 站立进行会议有助于保持会议的简短和专注。
- 通过站立，团队成员更容易集中注意力，提高会议效率。

问题跟进

- 对于在每日早会上报告的问题，管理者应在会后及时跟进解决。
- 确保问题得到快速处理，避免影响项目进展。

全员参与

- 每日早会应确保所有团队成员都能参与，分享进展和问题。
- 团队成员应积极参与讨论，提供反馈和建议。

早会讨论的话题一定要围绕执行进行，所以这三个主题最为核心，不要讨论过多其他的问题，早会太久，会占用大家的工作时间，无法起到积极作用。

工作汇报，思路清晰很重要

带团队时，汇报和沟通的作用不可小觑。团队内部的沟通决定了成员们的理解和执行效率，对外的汇报则决定了团队工作能否得到有效宣传。工作汇报时，最忌讳思路不清晰、逻辑欠缺、表达不流畅，因为这样不仅让听取汇报者无法快速理解，还容易造成沟通障碍。

问题场景 为什么总有人汇报工作时特别费力？

苏阳是一个负责软件开发的项目经理，最近，他发现自己团队的新成员小徐在汇报工作时思路不清晰、表达能力较差，这降低了与同事间的沟通效率。苏阳和团队几个老成员分析了新成员的问题，希望能帮到他。

老李：小徐刚毕业工作，除了开发代码，每天还要学习大量跟项目工作有关的内容。学得一多就容易混乱，汇报工作时，他总是不知道从哪里说起，显得颠三倒四的。

小陈：昨天的新人分享会，他准备了很多报告内容，看得出来很用心，但是没有把握汇报的重点，我听了半天都不清楚他的工作内容。

小林：他汇报工作时，前期铺垫过多，直到最后才说出重点内容。我听得特别疑惑，时常抓不住他所讲的重点，浪费了许多沟通时间。

苏阳：看来小徐要学习一下如何在工作中提高汇报能力。

问题分析

苏阳团队中的小徐，在汇报工作时出现了两个典型的问题。首先是思路不清晰，汇报时不知道从哪里开始，导致信息量大且混乱，难以让人抓住重点；其次是重点不突出，每次想说的信息太多，生怕遗漏了，反而导致重点不明确，听众很难迅速抓住核心并跟进。这两个问题导致他汇报效率低下，即使汇报时间长、沟通时间久，也不一定能说清事情。同时，他汇报内容的安排也不科学，过多地进行前期铺垫，无法直入主题，就容易让人没有耐心，也不能快速把握他的需求。

管理工具 理清思路的5W2H分析法

带团队时，我们不管是身为管理者对上级汇报，还是引导下属梳理汇报思路，都可以推广“5W2H分析法”这一工具，通过自问自答以下几个问题，快速整理好自己的想法，提取出工作的重点。

1. What（**是什么**）：汇报的内容是什么？

2. Why（**为什么**）：为什么要汇报这个内容？

3. Who（**谁**）：谁负责这个内容？

4. When（**何时**）：这个内容发生在什么时候？

5. Where（**何地**）：这个内容发生在什么地点？

6. How（**如何**）：这个内容是如何进行的？

7. How much（**多少**）：这个内容的量化指标是什么？

在职场中，掌握了这七个问题的答案，我们就能跟同事和上级快速讲清一件事，并表达自己的需求。

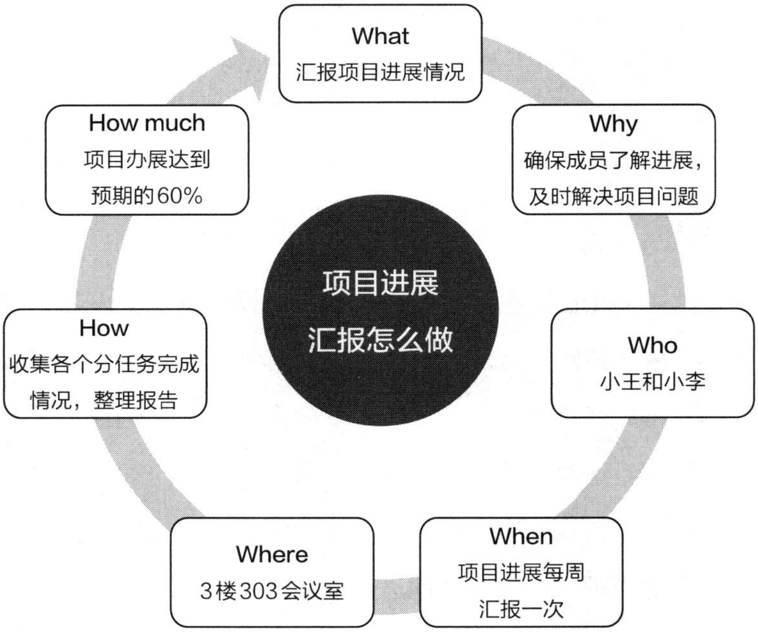

应用解析　如何突出汇报时的逻辑？

汇报时，不是所有的工作都可以按照5W2H分析法进行梳理，这一分析法更适用于整体性的内容梳理和汇报，而更多时候，我们要针对项目的执行细节进行商讨，这时候如何突出自己的逻辑性呢？

逻辑建立在结构上，通过结构化的思维组织表达内容，可以让我们的汇报更清晰。“金字塔原理”就是一种典型的结构化思维方法，将信息按照从总体到具体的层次进行组织，可以帮助我们的团队成员在汇报时先后顺序明确、重点更加突出。

金字塔最上层是整个汇报的整体结论。比如，“本次产生了×××问题，面临三个主要风险”“×××的失败，主要总结了四项因素”等，最先抛出结论，让大家清楚地知道接下来要讲什么。

接下来是金字塔的第二层，分别介绍每个部分要讲什么，如“三个主要风险，分别是技术难题、资源不足、时间紧迫”。这样，对工作比较了解的人在听完第二层之后立刻就能跟上发言者的思路，明白对方要讲什么。

金字塔的第三层、第四层，则依次对第二层的各个部分进行详细介绍，如具体的问题细节、解决方案、当前实施情况等。即使大家没有时间详细了解第三层、四层的内容，通过前面的介绍，也对信息有了大致全面的把握，这样就实现了尽可能快速、高效的汇报。

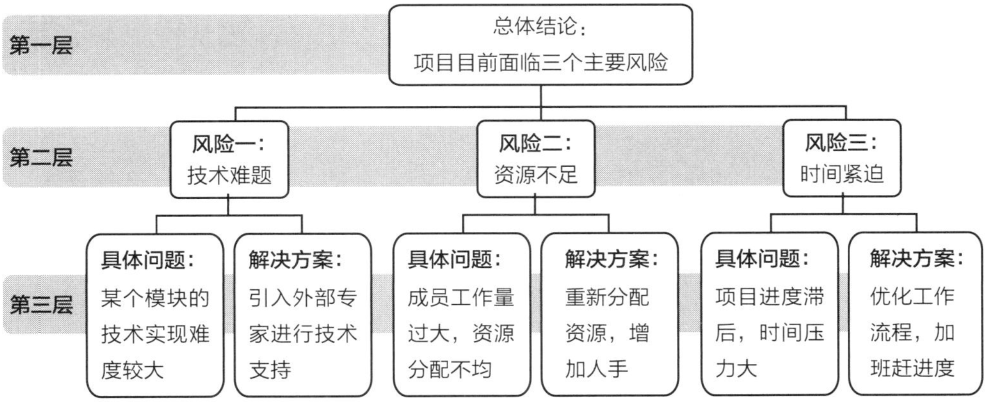

工作系统化，团队才能正规化

带团队是一门学问，团队成员的水平不一定等于团队的水平。不懂管理团队的人，即使团队成员个人实力出众，他也不懂如何发挥他们的作用；懂得管理团队的人，哪怕团队成员平平无奇，他也能发挥团队优势打出一手好牌。比如，懂得管理团队的人将工作系统化，建立可依靠、可参考的流程，就能降低一些项目的完成难度，哪怕主动性、思考性和能力不强的成员，依照流程一样能做出跟优秀成员一样的成果，这就是系统化的力量。

问题场景 怎样才能让团队更稳定地工作?

张娜作为团队管理者，现在最苦恼的问题是团队成员的素质参差不齐，产出的成果质量差别很大，导致团队工作质量很不稳定。

陈爽

我们团队的成员经验、能力和心态差异比较大，有的成员有主动性，愿意主动解决项目中的问题，项目成果也很好；有的成员就欠缺这种心态，能力也欠佳，在工作中经常出现问题。

主管甲

小团队经常出现这种问题。以前我在跨国企业工作时，成员个人素质差异对岗位工作的影响就比较小，你知道为什么吗？因为每个岗位的工作都有非常详细的手册和指引，只要按照流程来做，谁都差不多，这样就保证了工作成果的稳定性，减少了对个人素质的依赖，这是大企业的运营秘诀。

主管乙

所以咱们是不是也应该整理一些工作流程，教给团队成员去依照流程工作？建立了工作流程，大家依葫芦画瓢，问题肯定会少很多。

张娜

没错，现在做项目时没有明确的流程，大家都是各自为战，甚至有重复劳动的情况，你们说的办法的确不错。

问题分析

张娜团队的问题也是大多数小型团队管理时会遇到的情况——由于团队人数少，缺乏系统性的管理思路，工作的完成情况大多取决于成员和管理者的个人素质。可这样运行，一方面无法保证团队产出的稳定性，另一方面也会导致团队对特定人员的依赖，一旦人事变动，就容易给团队带来打击。而建立系统化的工作流程，可以有效解决以上两个问题。

管理工具　制定标准工作流程

标准工作流程（SOP，Standard Operating Procedure）是一种系统化的工作方法。根据既往经验，我们可以梳理出一条适用于不同任务的标准工作路径，通过明确路径中的每个步骤和要求，帮助团队成员在工作时有章可循，执行任务的思路更清晰。

SOP在团队管理中可以起到非常重要的作用，在设计时，需要注意几个方面，保证SOP具有实效性和可操作性。

1.明确目标和范围　在设计SOP之前，首先要明确SOP的目标和适用范围，包括哪些任务和操作需要制定SOP，以及设计SOP的目的是什么。

2.详细描述操作步骤　SOP应详细描述每个操作步骤，包括操作的顺序、具体要求和注意事项，确保团队成员能够按照SOP执行任务。

3.使用简明清晰的语言　SOP应使用简明清晰的语言，避免使用专业术语和复杂的表达，确保所有团队成员都能理解和执行。

4.提供必要的工具和资源　SOP应列出执行任务所需的工具和资源，包括设备、材料、软件等，确保团队成员能够顺利完成任务。

5.定期评估和更新　SOP应定期评估和更新，确保其内容与实际操作相符，并根据评估结果进行优化和改进，提升SOP的有效性。

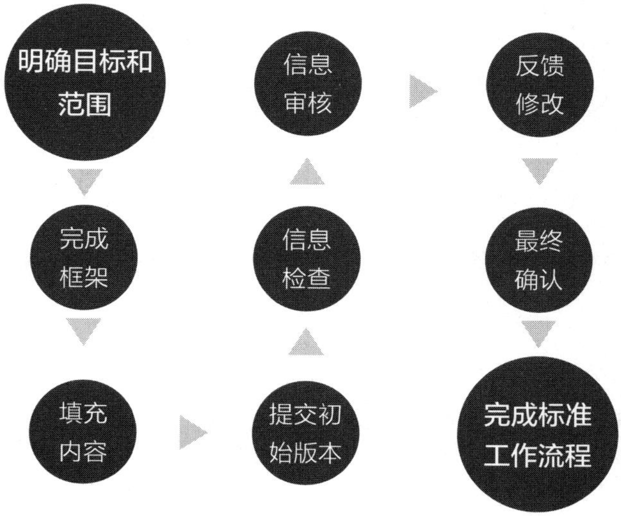

应用解析　如何在团队实操中落实标准工作流程？

虽然很多团队都有设计SOP的理念，但在实际应用中，想在团队实操里逐渐落实SOP流程，还需要一些技巧。

1. 定期培训和演练

为了确保团队能够熟练执行标准工作流程，我们需要进行定期培训和演练。可以每月进行一次SOP培训，确保团队成员熟练掌握流程的步骤和要求。通过进行流程模拟演练，帮助团队成员更好地理解和执行流程。邀请团队成员进行反馈，发现流程中的问题和改进点。

2. 进行定期评估和优化

为了确保工作流程的有效性，我们还要定期评估和优化，确保流程符合团队需求。可以每季度进行一次工作流程评估，并根据评估结果，及时优化工作流程，保证流程的有效性。根据评估结果，持续改进，确保团队工作效率不断提升。

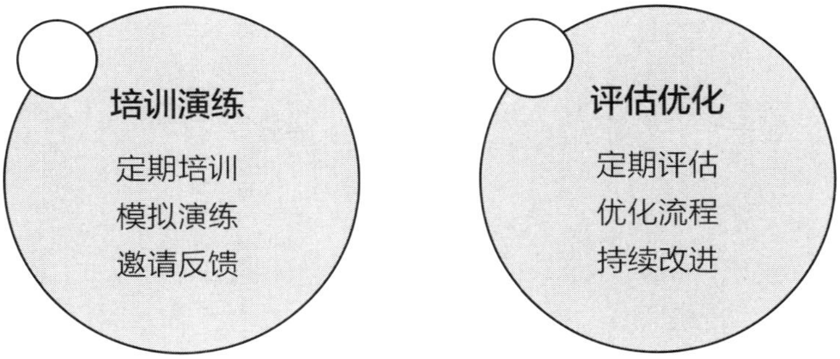

第三章

有效沟通，开放合作

畅所欲言，鼓励大胆发言

带团队时，管理者的核心任务之一是促进成员之间的合作，而有效的沟通是合作的前提。很多时候，虽然我们鼓励大家畅所欲言、发表自己的意见，通过分享观点和建议让团队工作做得更好，但实际效果却不一定如我们所想。一个让成员乐于发言的团队氛围，往往是管理者用心引导创造的。

问题场景　为什么我们的团队总是沉默？

陈经理新入职某公司市场部门，带领一个由十几人组成的团队。他梳理了之前的工作，感觉市场宣传方向和思路出现了一些问题，就召集大家开了几次会议，想鼓励成员多提建议，共同探讨改进措施。但是会议中都是他在说话，大家都比较沉默。

陈经理一筹莫展，他忍不住私下一对一跟成员聊天，想找到其中的原因。

小王：经理，以前我们开会说错话会被批评，大家可能担心自己的想法不成熟，说错话被批评，就不敢发言。

小张：我刚来没多久，还不是很了解情况，担心自己说的话会被否定，显得冒冒失失，就保持沉默。

小孙：经理，你刚上任，大家对你的脾气还有点摸不准，气氛比较紧张，所以不敢多发表意见。

陈经理：看来还是我们的沟通氛围出了问题。

问题分析

陈经理作为新来的管理者，虽然有心想鼓励大家多发言，但由于团队之前的气氛较为紧张，沟通已经出现了问题，他又没有向团队有效传达自己的态度和目的，导致团队成员在会上更加沉默，根本原因还是团队缺乏安全感。没有安全感，成员就不敢轻易表达自己的想法，更不敢在建议中流露出自己对现状的不满，一旦没有了这样多样化的思维碰撞和讨论，就不能产生新的思路。而陈经理所期待的开放式沟通，都建立在足够的安全感基础上。

管理工具 通过语言引导建立沟通安全感

作为团队的管理者，我们肩负着改善团队氛围的责任，成员因为缺乏安全感而无法畅所欲言时，我们应该在沟通时明确表达自己的态度，鼓励大家。管理者的语言引导话术一般有以下三个方向。

1. 用积极的表达替代结束性词汇

很多管理者在沟通时，虽然内心鼓励对方发言，但不懂表达，习惯用一些结束性词汇，如“嗯”“好的”“知道了”等，导致对方即使有话也无法继续往下说。如果我们希望鼓励对方、释放积极信号，多使用积极的表达，如“非常对”“你说得很好”“我很赞同”，就能鼓励对方多交流。

2. 将情绪化对立转移成建设性意见

鼓励别人提意见时，对方可能会有一些抱怨和不满，我们可以将情绪上的对立转移成对行动的建设性意见，如“你觉得怎样做比较好”“你希望有什么改变”等。

3. 言之有物的看法而非不置可否的反馈

面对成员提出的建议和想法，我们一定要给出一些言之有物的回应，觉得哪里好、哪里不好，或者认为可以怎样改进等。不要总是给出一些不置可否的反馈，如“我也说不好”“你们再考虑考虑”，模糊的反馈只会打消成员发表意见的积极性。

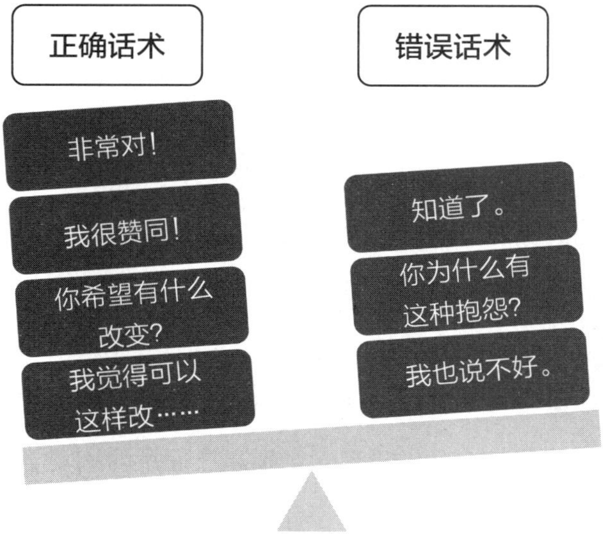

做到上面这三点，一般我们就能比较清晰地传达出自己对沟通的态度，给团队创设一个积极、有安全感的沟通氛围。

应用解析　一对一面谈增加成员的表达安全感

在团队沟通中，成员缺乏表达的安全感，一般都是因为顾忌管理者的态度，或者还没有完全融入和信任团队。这时候，除了在群体讨论中注意我们的态度和话术之外，一个更具有效果的方法就是进行一对一面谈。一对一面谈时，管理者更多地扮演着类似心理咨询师的角色，应注意以下几点。

1. 不要喧宾夺主，将发言留给成员　一对一面谈是我们了解成员的机会，一定要围绕成员想聊的话题进行沟通，并在过程中多倾听、少发言。倾听不仅能让成员有更多的机会吐露心声，增进我们对他的了解，在这个过程中，也能让成员借由倾诉释放自己的烦恼和压力。

2. 不仅可以聊工作，也可以聊生活　一对一面谈往往是从工作的话题出发，但聊天过程中有时也会涉及生活。当成员主动谈起自己的生活时，我们应该感到开心，因为对方正在向我们敞开心扉，这是富有安全感的表现。而且，很多工作都会受到成员家庭私事的影响，为了保护好他们的工作状态，我们也可以了解对方的生活，并给出一些建议和帮助，这有助于拉近彼此的距离。

3. 在对话中共同思考　作为倾听者和旁观者，了解成员当前的苦恼或问题时，我们应该引导和鼓励对方思考，利用好一对一面谈的机会，让对方从表象中发掘深层原因，逐渐找到针对性的解决方法。这是难得的可以一起思考和解决问题的机会，一定不要因为赶时间而将其当作形式主义的环节，许多问题都可以借由深入地交谈来解决。

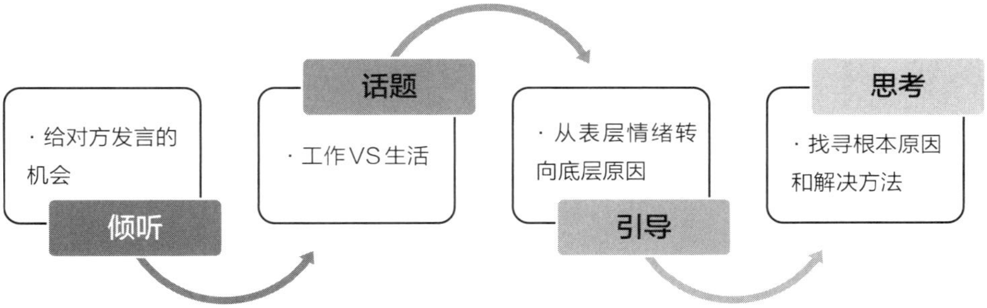

怎样批评才不伤人

在团队管理中，批评是不可避免的一部分。有效批评不仅能帮助团队成员认识到自己的不足，还能激励他们改进。然而，如果处理不当，批评可能会伤害团队成员的自尊心，导致士气低落，甚至影响团队的凝聚力和工作效率。因此，掌握批评的技巧，做到既能指出问题，又不伤害成员，是每个团队管理者必须具备的技能。

问题场景　为什么每次指出错误，大家的反应都不自然？

在某科技公司，徐主管带领的开发团队正在进行一个重要项目，团队成员小张在工作中出现了一些错误，导致项目进度受到了影响。在一次团队会议中，徐主管决定点出小张的问题，让他意识到自己的错误，同时也起到警示其他人的作用。

徐主管：小张，最近你在编写代码时出现了很多错误，项目进度也因此受到了影响。你能解释一下这是怎么回事吗？

小张：徐哥，我最近确实有些忙，可能没有注意到代码的细节，我已经反思过了。

徐主管：这不是借口！你的疏忽已经影响了整个团队的工作进度，你知道这造成了多大的损失吗？难道反思一下就能解决问题吗？

小张：那您有什么好的解决办法吗？只要能弥补，我都愿意去做。

徐主管：这是你需要考虑的问题，不要来问我。以后不要再犯类似的错误了，大家也应引以为戒！

问题分析

徐主管虽然指出了小张的工作失误，他自己的表达却存在几个问题。首先，他的语气过于严厉，还夸大了后果，这不仅容易让小张感到被指责和否定，也容易让其他成员觉得压力很大。其次，徐主管只指出了问题，没有提出具体的建议，无法帮助小张改进工作，还给人一种推卸责任的感觉。而且，在团队会议中公开批评小张，可能让他感到尴尬和难堪，不仅影响小张的自尊心，也会让其他成员觉得主管态度过于严厉。

管理工具 “三明治反馈法”让批评起到正面作用

我们批评团队成员时，目的是帮助对方认识和改正错误，让团队工作变得更好，而不是为了指责、贬低对方。所以，批评应该起到正面的作用，而不是仅仅伤害别人的自尊心。这时候，我们可以采取“三明治反馈法”将建议传达给成员，即在批评意见前后给予正面反馈和鼓励支持，以减少批评的负面影响，增加被批评者的接受度和积极性。使用三明治反馈法给出建议时，需要注意下面三个要点。

1. 就事论事，描述具体 不管是正面反馈还是批评意见都应真诚且具体，避免泛泛而谈，不然会缺乏可信度，无法打动对方，反而适得其反。

2. 内容比例平衡 肯定和批评意见的占比应适当，避免过多的正面反馈，使批评失去效果，让对方无法意识到问题，也避免批评过于严厉，使正面反馈无法起到安抚作用。

3. 反馈要及时 批评建议是希望成员可以改进工作，所以一定要尽早传达，避免因时间拖延而使问题积累，影响工作效率。

①正面反馈

给予被批评者正面反馈，肯定他们的优点和成就，营造积极氛围。

②批评建议

提出需要改进的地方或批评意见。这部分应尽量具体、客观，并提供改进建议。

③鼓励支持

再次给予正面反馈或鼓励，表达对对方未来表现的期待和信心，增强他们的动力和自信。

应用解析　批评成员时，应该怎样避免伤害积极性？

带团队时，作为管理者的我们总有需要指出成员问题的时候，但是批评也要注意避免伤害成员的积极性。指出问题时，我们应注意以下五个方面，让自己的批评建议在不伤害他人的情况下起到更好的效果。

1. 注意时间和地点　尽量在私下沟通，而不是在公开场合指出问题。这可以避免让被批评者感到尴尬或难堪。

2. 不要情绪上头　虽然成员的问题会给我们带来一些麻烦和压力，但仍要控制好自己的情绪，避免使用模糊或带有情感色彩的语言，尽量具体、客观地描述问题。这样可以减少对方的抵触情绪，使其更容易接受反馈。

3. 采用“三明治反馈法”　在批评前后给予正面反馈，肯定对方的优点和成就，减少批评的负面影响。

4. 给出改进的建议和参考　批评不能只指责对方哪里做得不对，更要让对方明白如何改进，提供具体的改进建议很重要。

5. 表达支持和信任　来自管理者的批评有时候会让团队成员忐忑很久，担心是否会影响绩效考核，所以我们指出问题后，也要表达支持和信任，给成员一颗“定心丸”。这样他们才能安心工作，把精力放在改进和提升自己上。

注意时间地点：“我们能在会议后单独聊几分钟吗？我想和你讨论一下关于项目进展的反馈。”

不要情绪上头：“我们可以一起看看这些具体的问题，找出改进的方法。”

“三明治反馈法”：“你在项目中一直表现出色，特别是在解决技术难题方面。不过，最近我发现你的代码中有些错误，影响了项目进度。我相信你能改进这些问题，继续为团队做出贡献。”

给出改进建议：“为了避免类似的错误，我觉得你可以在提交代码前多检查几次，或者请同事帮忙复查。我知道你着急项目进度，不过这个时间还是不能省。”

表达支持肯定：“我相信凭你的能力肯定能解决这些问题。如果需要我的帮助，随时来找我。”

肯定和认可，有时比金钱更有效

在团队管理中，如何激励成员、提升士气是每位管理者面临的重要挑战。越来越多的研究表明，与金钱相比，肯定和认可往往能带来更深远的影响，它能激发人们心中“实现自我”的追求，激发更深层的动力。通过建立积极的团队氛围，管理者不仅能提高员工的满意度，还能激发他们的创造力和工作热情。

问题场景　为什么发奖金都不能让我的员工产生工作热情？

刘颖是一家初创公司的副总，带领商务和客户团队工作。平时，她工作压力很大，经常向团队成员发泄自己的负面情绪，动不动就斥责团队成员。因为她认为公司福利好、奖金高，只要钱给到位，团队成员受点气也没什么问题。可最近，刘颖团队的成员离职率特别高。

刘颖：我们刚发了高额的年终奖，为什么这么丰厚的奖金都不能留住人才？

离职成员甲：我受够了团队的紧张气氛，每次出一点差错，刘总就会大发雷霆，让人工作时战战兢兢。

离职成员乙：我感觉在这里工作缺乏成就感。上司的标准很高、要求苛刻，做得好从来得不到肯定，一旦犯错就会被骂很久，让我觉得没有尊严。

在职成员：我们很多人都在骑驴找马。虽然这里钱赚得多一点，但职业生涯那么长，我还是看重长远的发展和团队氛围。

问题分析

在刘颖的团队中，尽管团队成员得到了丰富的物质回馈，但他们真正的需求却被忽略了。金钱可以带来短期的激励，但是难以让成员跟团队之间建立真正的情感连接，也无法让他们得到真正的认可。所以，高压的工作环境和动辄斥责的管理者给团队成员带来了巨大负面影响，让他们工作的内在动力无法被满足，从而纷纷离职。

管理工具　马斯洛需求层次理论：肯定他人的重要性

通过肯定和认可，团队可以在情感上建立更深的联系，从而提升整体的工作效率和满意度。研究显示，团队的认可和赞赏能激发成员内在的工作动力，带来的满足感比金钱更持久，这与人类的基本心理需求密切相关。

根据马斯洛的理论，人类的需求可以分为五个层次，从低到高依次为：生理需求、安全需求、社交需求、尊重需求和自我实现需求。

首先，鼓励和肯定可以增强团队成员之间的情感连接，满足他们的社交需求。其次，人们希望得到认可和尊重，既需要得到物质上的奖励，更需要情感上的支持和肯定，所以公开表扬和认可可以极大地满足成员的尊重需求。最后，认可不仅能激发人们的内在动机，还能帮助他们实现自我价值，追求更高的目标，满足了他们的自我实现需求。以上这些需求层次较高，一旦满足，就能够激发人们的内在动力，使他们更加投入和积极，比单纯的物质奖励更加有效。

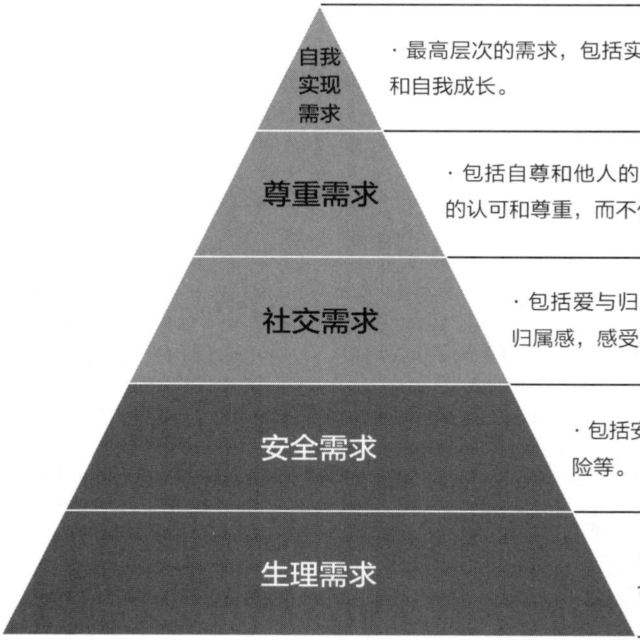

自我实现需求	· 最高层次的需求，包括实现个人潜力、追求个人目标和自我成长。
尊重需求	· 包括自尊和他人的尊重。人们希望得到精神上的认可和尊重，而不仅仅是物质上的。
社交需求	· 包括爱与归属感。人们需要社交关系和归属感，感受到自己是团队的一部分。
安全需求	· 包括安全感、稳定的工作和健康保险等。
生理需求	· 这是最基本的需求，包括食物、水、睡眠等。

应用解析　怎样给予团队成员简短、及时的表扬？

不懂带团队的人，才会吝啬夸奖自己的成员，才会把自己身上的压力和负面情绪发泄给成员；优秀的管理者能将夸奖和赞美变成一种引导团队实现目标的方式。有效的表扬并不需要长篇大论，有时过于冗长的表扬反而会流于形式，简短、及时的表扬更能起到正反馈。

这种表扬的核心包含4个要点。

1.快速反馈　一旦成员做出了正确的、值得鼓励的行为，立刻进行表扬，这时候表扬，成员立刻能感受到被肯定的自豪感，也能最大程度反映在接下来的工作中，接受表扬的效果最好。

2.内容简短　表扬的内容不必十分冗长，简短、精练、明确地描述即可，不超过一分钟的表扬即可将我们的态度传达给对方，且不会由于长篇大论而导致成员的注意力被分散。

3.核心明确　很多管理者会表扬自己的团队成员，但不会使用具体、明确的语言，让对方明确知道自己哪些地方做得好。只是称赞对方“工作很好”“人很优秀”，不免有些泛泛而谈。表扬一定要有明确的核心，让成员知道自己的哪些行为值得肯定，这些行为对团队起到了什么积极作用。

4.场合适当　批评的话要尽量私下讲，表扬的话应尽量在公开场合讲，这样既能起到树立榜样的作用，又能让成员感觉自己被肯定。

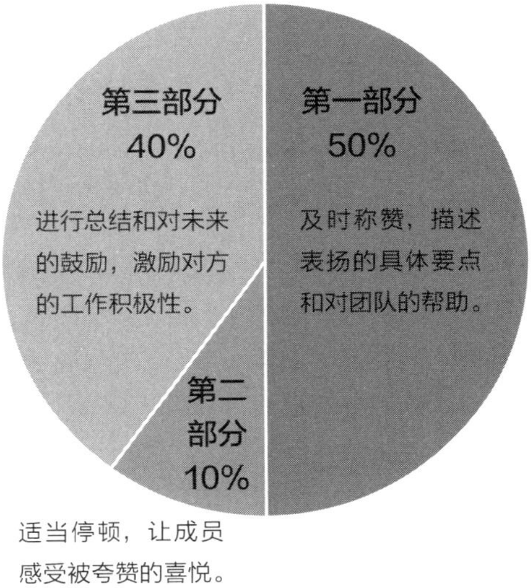

信息互通，才能思路一致

在现代企业管理中，带领一个高效、协作的团队是每个管理者的目标。然而，团队中出现的沟通障碍和信息不对称等问题会导致项目延误、成员产生误解和团队士气低落。因此，团队成员之间及时沟通和信息互通是确保团队思路保持一致的关键因素。通过有效的沟通策略，管理者可以及时解决问题，确保团队成员清晰理解团队共同目标，提升整体工作效率。

问题场景

苏康是一家公司的项目经理，负责某个线上系统的创建。苏康发现，团队成员之间沟通不畅，导致近期项目进展缓慢，成员之间也产生了不少误解。

苏康：为什么这个功能还没完成？我们上周就定好了交付时间，现在还没有把设计稿发给他们。

小张：我一直在等小王的设计稿，但他一直没发给我，我就没法根据设计完成最终版。

小王：我上周已经发给市场经理小刘了，让她确认一下客户需求。可是我到现在还没收到她的反馈。

小刘：对不起，我上周在处理一个紧急的市场活动，没注意到邮件。而且，根据之前的沟通，这个需求已经定好了，没想到还需要我再次确认。

苏康：看来我们之间的沟通出现了问题，大家都在等着别人的反馈，而且团队成员间没有明确地传达消息。一件小事，竟然耽误了好几天。

问题分析

在苏康的团队中，成员之间的沟通不畅是导致项目进展缓慢的主要原因。首先，缺乏及时反馈，市场经理小刘没有及时回复设计师小王的邮件，导致设计稿无法确认，但整个团队中并无人催促或监督反馈。其次，信息不对称，市场经理不知道自己还需要确认，而设计师不知道市场经理在处理其他活动，无法及时查看邮箱。最后，没有明确的沟通渠道，团队成员主要依靠邮件沟通，一旦无法及时查看，就没有更直接的沟通方式，沟通效率很低。

管理工具　创建项目沟通矩阵

我们可以通过创建项目沟通矩阵，来解决项目进展过程中无法及时找到责任人、快速对接项目进展的问题。沟通矩阵是一种管理工具，可以帮助我们明确团队成员之间的沟通渠道、责任和频率，从而确保信息传递的及时性和准确性。

一个有效的沟通矩阵通常包括以下几个关键要素。

1. 团队成员　列出所有参与项目的团队成员，如小张、小王、小刘等。

2. 角色和职责　说明每个成员在项目管理中的角色，如项目经理、开发人员、设计师、市场经理和测试工程师等。

3. 沟通内容　定义需要沟通的具体内容或主题，如项目进展汇报、功能开发进度、设计需求确认、市场需求确认和测试进度汇报。

4. 联系方式　指定沟通渠道，如会议、电话、电子邮件、即时通信工具等，并留下联系方式。

5. 沟通频率　确定沟通的频率，如每日、每周、每月或按需。

6. 关键联系人　指定团队成员向谁汇报沟通内容，确保信息传递的责任明确。

7. 备用联系人　指定每项沟通内容的备用联系人，确保关键联系人无法参与时，有人可以替代。

实际应用中，管理者可以根据项目的具体需求和团队的工作习惯，灵活调整沟通矩阵的内容和结构。通过定期更新沟通矩阵，减少沟通障碍和信息不对称，提升团队协作效率。

团队成员	角色和职责	沟通内容	联系方式	沟通频率	关键联系人	备用联系人
小张						
小刘						
小王						

应用解析　如何快速与团队成员互通信息？

想在有限的时间里快速说清楚一件事，并让团队成员明白问题的重点，以免传达错误的信号，可以遵循以下几个要点。

1.明确目的　在开始沟通之前，先明确我们要传达的核心信息是什么。这有助于我们在沟通时保持重点，不至于偏离主题。

2.整理表达逻辑　整理好要表达的逻辑，再进行阐述。我们可以根据“背景—问题—影响—方案—解决内容”这样的结构进行表述，描述背景让对方先理解情况，然后指出问题核心，进一步说明影响，让成员明白问题的重要性，随即给出解决方案或者下一步行动，明确方向。最后，说明自己要解决的内容，让成员明白他们需要如何配合，才能更容易得到大家的支持和帮助。

3.语言简洁　不要用复杂的术语或者长难句，避免在传达过程中可能产生的任何误解，用简洁易懂的方式让别人明白我们的意思。

4.确认成员是否理解　如果担心自己没有清晰地传达关键信息，可以在最后询问成员，确保对方已经明白当前的情况和自己需要做什么。

通过这四个要点，我们就能更加清晰地跟成员互通信息，让对方可以在极短时间内了解情况。

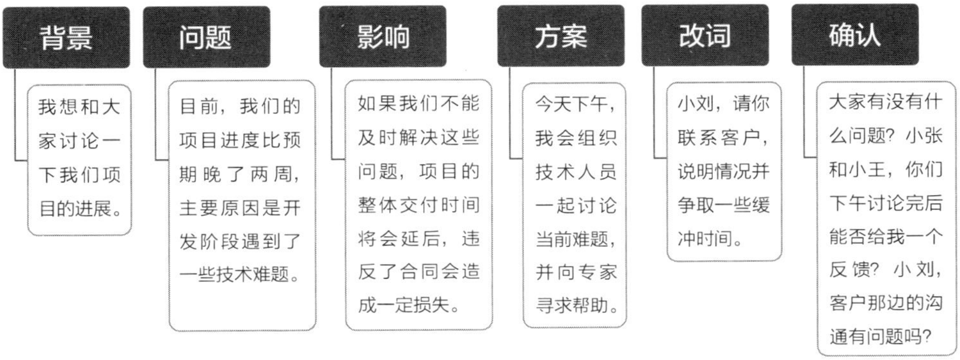

做负面情绪的清理者

在现代职场中，面对挑战和压力是每个管理者的必修课。团队遭遇挫折时，负面情绪会迅速蔓延，影响整体士气和工作效率。团队管理者有效消除这些负面情绪，帮助团队尽快恢复积极状态，是一项关键技能。管理者要做负面情绪的清理者，而不是给团队成员施压，这样才能带领团队走出低谷。

问题场景 当团队在挫折面前一蹶不振怎么办？

项目经理孙晨带领的团队刚经历了一次重大挫折，他们辛苦开发的产品在演示中出现了严重故障，导致客户非常不满。因为这件事，团队成员情绪低落，士气受到极大打击。

孙晨：刚才的演示确实出了问题，我知道大家都很失望，但事情已经发生了，我们还是要尽快振作起来。

老孙：我们花了这么多时间和精力，结果却不尽如人意，真让人觉得不甘心。

小王：感觉所有的努力都白费了，真的很打击人。

小刘：接下来咱们该怎么办啊？客户不满意，我们还能继续开发下去吗？

小陈：我觉得我们需要反思一下到底哪里出了问题，下次不要再犯同样的错误了。

大家心里都赞同小陈的说法，但是刚受到这么大的打击，实在很难立马恢复过来，一时间竟没有人回应。

问题分析

带团队时，我们总会遇到类似孙晨这样的情况，因为一个项目或者某项集体工作的失利，影响了团队短期的绩效或者发展。这时候，成员普遍会感到沮丧和失望，负面情绪会影响他们的工作状态。如果不及时进行团队的情绪管理，会导致团队士气低落，影响后续工作的推进。而且，低落的情绪往往会迅速传染和蔓延，一个同事开始发表沮丧言论，就容易引起一连串的讨论，加重负面情绪传播。

管理工具　利用“情绪传染”理论制止负面情绪传播

团队中一个成员开始抱怨时，负面情绪往往会迅速蔓延，这种现象在社会心理学中叫“情绪传染”。情绪传染可以是正面的，也可以是负面的。一个团队成员陷入沮丧时，我们应该反向利用这种理论，帮助团队成员进行情绪管理，防止负面情绪的蔓延。

1. 情绪调节　帮助团队成员重新评估和解释负面事件，寻找正面的角度切入，让大家感受到事件有利的一面。同时，可以鼓励成员多提出建设性意见，通过提建议的方式表达情绪。

2. 积极暗示　在日常工作中及时给予积极反馈和认可，增强团队成员的自信心和调动积极情绪。可以定期组织团队成员分享他们在工作中的进步和满意的事情，培养积极心态。

3. 非暴力沟通　鼓励团队成员在表达不满时，先描述具体的感受，然后明确表达他们的需求并提出具体的请求，而不是抱怨和指责。

4. 及时干预　发现团队成员开始抱怨时，要及时干预，防止负面情绪蔓延。对抱怨的成员进行谈话，了解他们的真实想法和需求，并提供支持和帮助。

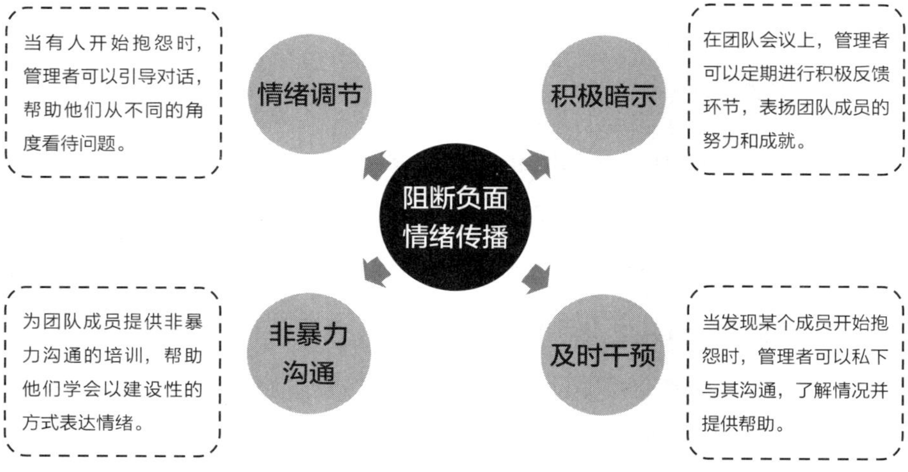

应用解析 如何引导陷入负面情绪的团队重新振作？

我们了解了如何通过阻断负面情绪传染来清除团队中偶发的沮丧情绪，但团队遭遇较大的挫折或者打击时，采用这种方式见效就会比较慢，作为管理者，我们需要采取更有效的措施来调动大家产生积极情绪。这时，可以通过一个复盘会帮助团队成员重塑认知。

在复盘会上，管理者要注意自己的语言引导和态度，主要从以下几个环节出发。

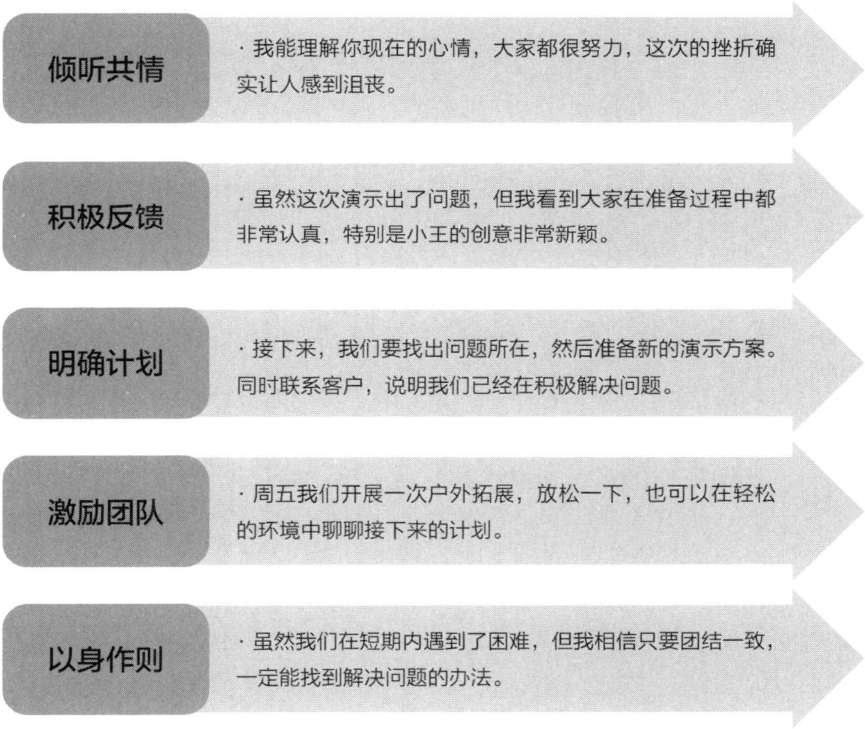

1. 倾听与共情成员 花时间认真倾听团队成员的感受和想法，理解他们的困惑和失望，并通过语言和行为表达我们对他们的理解和支持。

2. 及时反馈与积极认可 对团队的表现进行及时、具体的反馈，指出他们的努力和贡献。在指出问题的同时，也要肯定团队的优点和进步。

3. 明确下一步行动 团队的沮丧往往源自失去了目标感和信念感，

这时候需要明确接下来的工作计划和目标，分配具体任务，让每个人知道自己应该做什么。可以设定一些短期、可实现的目标，通过小的成功帮助团队逐步重拾信心。

4.做好激励和团队建设 团队情绪低落时，可以给予适当的激励刺激，增强他们的信心，也可以组织一些团队建设活动，如团队午餐、户外拓展等，帮助团队放松心情，增强凝聚力。

5.示范积极态度 管理者一定不能在团队成员面前泄气，要以积极的态度面对挑战，给团队树立榜样，保持积极乐观的心态。

如何减轻团队成员的压力

在现代职场中，团队常常面临着各种压力，无论是项目紧迫的截止日期、客户的高期望，还是有限的内部资源，都可能影响团队成员的心态。管理者在压力巨大的环境中有效地带领团队，不仅关系到项目的成功，还直接影响到团队成员的身心健康和工作满意度。一位成功的管理者，不但要会消化自己肩上的压力，还要学会给团队成员减轻压力。

问题场景　在项目截止日期前，大家都精神紧绷怎么办？

程飞作为项目经理，最近正在带领自己的团队赶工完成一个重要的项目，距离截止日期还有两周，但是项目进度远远落后。在这样的时刻，团队成员每天加班加点地工作，紧张的情绪在巨大的压力下很容易被引爆，两个同事就因为一些小事吵了起来。

小陈：我这里写得很清楚，如果不更改的话就写“NA”，你们到底是怎么填的？现在系统识别不了，要我们重新提材料，又得花两天时间！

小刘：之前一直都是这么写，也没人跟我们说不行啊？明明是你们这次没好好检查，害我要返工填表，我都没急呢，你冲我急什么？

小陈：现在耽误的是我的交期，你当然不着急了。本来我这边工作就多，天天加班，你还给我们添乱。

小刘：都是正常工作失误，你为什么抓着不放？你要是火气大，就喝点菊花茶，我可不惯着你！

眼看着两个人越吵越凶，程飞赶紧过去制止了他们。

程飞：知道大家现在心里着急，压力都很大，但也得有话好好说啊！都别生气了，先把工作做好，有问题咱们后续慢慢复盘。

问题分析

程飞团队面临的主要问题就是高压环境下工作负荷过重，成员的情绪紧张、耐心下降，面对一些小的工作失误也无法容忍。再加上成员所面临的压力和问题没有得到重视和解决，也没有得到必要的心理支持和激励措施，整个团队气氛紧张，导致成员之间更容易因为冲突耽误工作。

管理工具　在团队中推广正念疗法

作为管理者，我们应该主动关注团队的压力情况，做好压力管理。成员因为一些工作问题处于高压环境时，管理者应该给予科学的引导和帮助，其中正念疗法就是一种让团队放松、提升工作效率的办法。正念疗法是一种通过培养个体的专注力和觉察力，帮助人们更好地应对压力和情绪困扰的心理疗法。正念强调的是对当下的觉察，通过练习正念，人们可以更好地管理压力、提升情绪调节能力和增强心理韧性。

作为管理者，我们可以从以下几个角度帮助团队练习、熟悉正念疗法。

1. 引入正念　管理者可以在团队中介绍正念疗法的基本概念和好处，激发成员的兴趣和参与意愿，也可以邀请专业的正念导师教授团队基本的正念练习方法。

2. 定期正念练习　在团队的日常工作安排中，安排固定的时间进行正念练习，如每日 10 分钟的正念冥想或每周一次的正念行走。

3. 创建正念空间　在办公室设立一个正念角落，提供舒适的座椅、柔和的灯光和安静的环境，供成员进行正念练习。

4. 持续反馈　最重要的还应多关注团队成员的压力情况，定期收集他们的压力来源，及时进行沟通和关怀，做好压力管理。

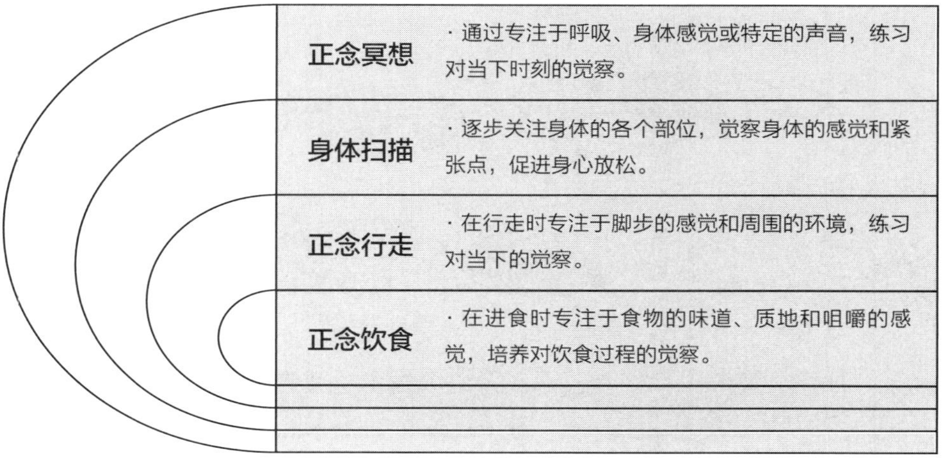

应用解析　如何从根本上减轻团队的压力？

不管是正念还是冥想等放松行为，都只是缓解措施，当压力来自实际的工作、紧迫的外界条件等刺激时，仅仅依靠正念，无法从根本上减轻团队的压力。

作为管理者，我们应该改变自己的认知思维和行事方式，在压力面前，摆脱焦虑，减少内耗，将“我好烦，我无能为力”这种想法转变为“我应该怎么做才能减少团队压力”，将情绪化的抱怨转变为有建设性的行动，并在每一次项目中积累经验、改进计划，让团队能够在日后的工作中更加从容地面对困难，缓解压力。

从根源上解决压力问题，还要从“事”出发。比如，与其让团队在紧迫的周期中尽量做好心理放松，不如想一想下次如何合理安排工作，缩短工作周期。消除压力的源头，大家工作起来就会更加得心应手，这就是认知思维和行事方式变化产生的影响。

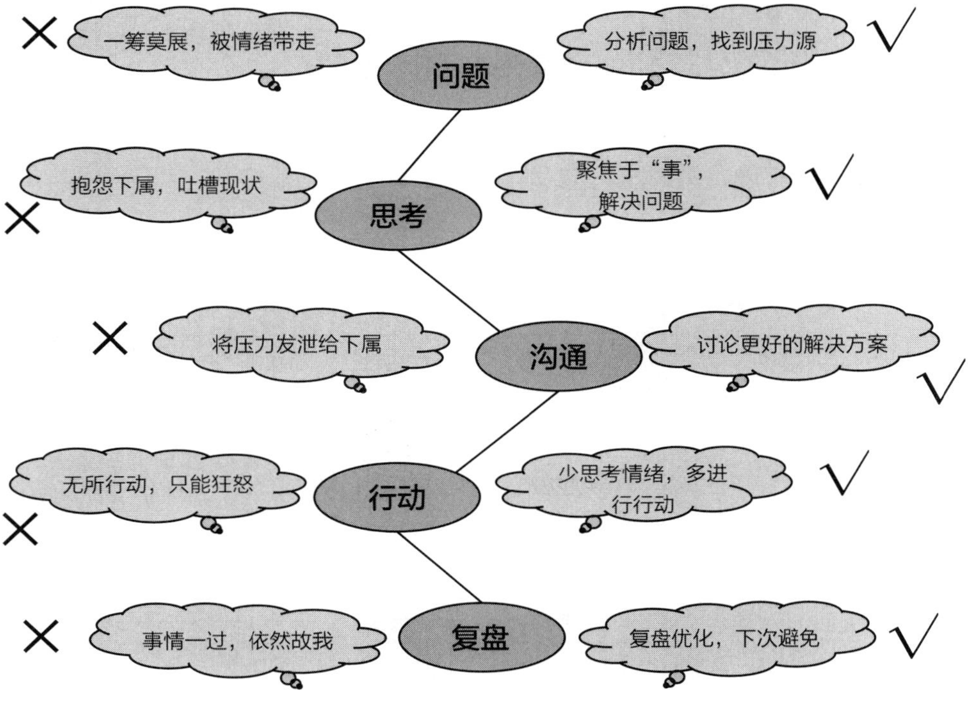

提升信任度，团队越来越好带

信任是团队成功的基石。一个高效的团队不仅需要成员之间的信任，还需要成员对管理者的信任。提升团队成员对管理者的信任度，不仅能改善沟通，还能增强团队凝聚力，提升整体绩效。然而，信任的建立并非一蹴而就，它需要时间、诚意和有效的沟通技巧。

问题场景 为什么我的团队士气不足？

李路是一个项目的管理者，他最近发现，团队成员的士气逐渐低落，工作效率也有所下降。为了找出问题的根源，他决定私下与成员一一沟通，听取大家的意见。一开始，大家都不好意思发言，直到李路带头说了几句心里话，他们才逐渐吐露心声。

老孙：我觉得最近的任务分配得有点不合理，我的工作量太大了，总是做不完。其他人每天按时下班，我却要加班，心里就有点难受。

小王：有时候我们提出的一些建议和问题，好像并没有得到重视，事后也没有得到改善，让我觉得提意见并没有用，于是也就懒得多说什么了。

老林：遇到问题时，我特别希望能得到大家及时的帮助和指导。现在我感觉都是单打独斗，没人帮忙和讨论，事情推进起来特别困难。

小陈：前不久绩效评级，我感觉自己被低估了，也没有人跟我解释一下为什么，觉得干起来没意思。

问题分析

李路带领的成员对团队的信任度和满意度都在降低，这让他们很难在工作中发挥出高效率。首先，团队成员认为任务分配不合理，工作负荷不均，对此产生了不理解；其次，成员的建议和问题没有及时回应，让他们失去了对公司的期待；再次，成员在工作中缺乏一定的反馈和指导，让其对团队的依赖性下降了；最后，团队一些措施的透明度不够，让成员不能理解、产生猜疑，降低了他们对团队的信任。长此以往，团队就会变成一盘散沙。

管理工具 解决四大不信任问题

在团队管理中，成员对管理者的不信任会严重影响团队的凝聚力和工作效率。成员的精力都放在了猜疑和内耗中，不仅无法尽心尽力地完成自己的本职工作，也会在情感上逐渐脱离团队，然后跳槽、离职，造成团队的不稳定，影响公司整体气氛。我们只有获得成员的信任，提升他们对团队的认可，下发的任务才能高效而顺利地完成。

一般来讲，解决团队成员的不信任问题可以从以下4方面入手。

1.加强信息透明度建设 当团队成员感觉管理者没有透明地分享信息时，就容易对决策过程和团队的未来感到不安和不确定。这时候，我们需要增加和成员之间的沟通，不要认为决策过程与成员无关，只需要公布结果即可，只要是跟整个团队有关的事，尽可能地通过透明的渠道给所有人一个解释，让大家理解团队决策，减少不必要的误解。

2.避免待遇不公或偏袒 团队成员感觉管理者在任务分配、晋升和奖励方面存在偏袒，就容易感到不公平和被忽视。在这种情况下，保证公平是最基本的，一个客观、明确的标准可以很好地解决这个问题，不要根据主观意见进行奖惩。同时，也要把标准宣讲到位，让大家都了解和明确。

3.加强支持和指导 团队成员感觉遇到困难和挑战时缺乏集体的帮助和引导，就容易游离在团队之外，很难认可和融入集体。这需要我们在内部建立更加密切的联系，尽量不要让团队成员单打独斗，应当积极与团队成员沟通并及时提供帮助。

4.增强反馈和认可 团队成员感觉自己的努力和贡献没有得到管理者的认可和激励，就容易感到失望和不满。无论是对成员的付出还是建议，都应该及时奖励或表扬，通过正向反馈来刺激他们更加积极地工作，甚至可以建立一系列激励机制，形成制度化的奖励流程。

处理好这4个问题，我们能解决大多数不信任危机。更重要的是，任何危机都应该在刚刚出现时就重视起来，不要等到问题发生了再处理，那样对团队的伤害是最大的。

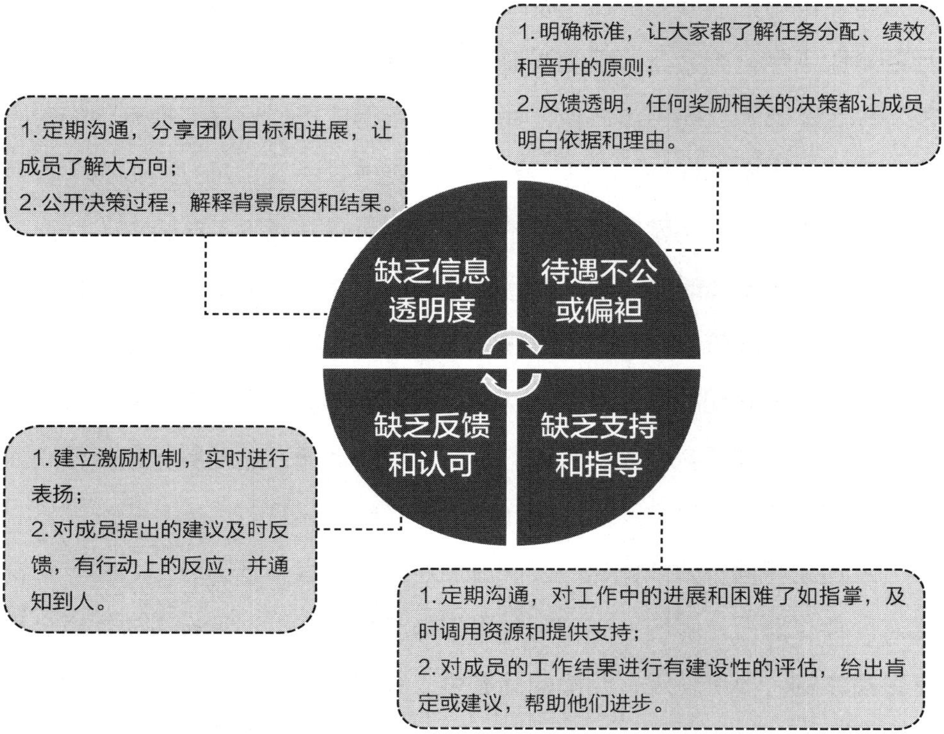

应用解析　如何在行动中建立团队的信任基础？

团队高效率合作的基础就是信任，管理者在做事时，不仅要注意避免之前强调的四大不信任问题，通过透明的决策、公正的态度、及时的支援和正向的反馈得到团队成员的信任，也要在团队中推广相互信任的理念。我们要建立团队的信任基础，就要让团队成员都认可并遵守这样的理念。

1. 鼓励诚实　只有诚实才能赢得信任。在工作中要做到诚实，不管是描述问题还是行为决策，都应该尽可能诚实与人交流。一个诚实的错误总好过一个虚假的成果，我们可以通过管理机制来鼓励诚实的行为。

2. 可以不认同，但不能不尊重　在沟通时，要明确尊重他人观点，即使不认同对方的观点，也要保持礼貌和敬意，这样才能促进团队间的沟通。

3. 重视承诺　团队成员应该重视自己的承诺，尤其是与工作有关的承诺，这往往影响到对方的下一步计划和行动，答应别人的事情就要做到，才能建立自己的职场可信度。

4. 乐于分享　考验团队成员能不能互相信任的另一个要素就是看成员之间是否愿意分享，一个人人吝于分享的团队不可能实现互相信任，只有乐于分享，团队成员才能在讨论中共同进步。我们应该用制度化奖励来激励团队成员的分享行为。

拥有这种理念，我们才能从精神上将团队塑造成一个可信、互信的集体，结合管理行动的保障，让团队在信任中专注向前。

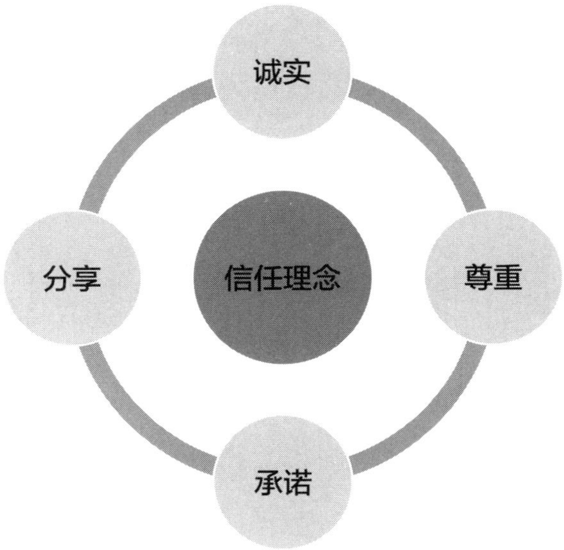

做好团队的冲突管理

在任何团队中，冲突都是不可避免的。无论是因为成员不同的个性、工作方式，还是因为团队目标和资源分配的分歧，成员之间都容易产生冲突。作为管理者，我们不能寄希望于团队成员永远不争执，逃避只会让冲突愈演愈烈。管理者应保持乐观、主动的态度，相信良好的冲突管理不仅可以化解矛盾，还有可能将冲突转化为团队成长和创新的动力。

问题场景　当团队核心成员针锋相对怎么办?

沈宇是一家初创公司的执行总监，目前在带头开发第一个量产产品。这天，在讨论项目时，产品经理刘成和技术负责人薛文产生了激烈的冲突。

刘成：这个功能是我们发布时的核心功能，必须在下个版本看到，市场调研结果已经说明了这是关键需求。

薛文：你不了解技术实现的难度。难道我们不知道它很重要吗？可是要完善这一技术至少还需要半年，我们根本赶不上发布的时间。

刘成：这是现在最强烈的市场需求，如果能实现这个功能，我们的产品才真正有了亮点和竞争力，才能打响第一炮啊！

薛文：那你也要考虑一下技术的实际情况，不能只考虑市场，除非延迟发布，否则我们实现不了！

沈宇：这个事情确实很棘手，我们会后好好讨论一下，再给出结果吧！

一时间，会议的气氛变得很紧张，其他成员面面相觑，看着总监手下的两名核心成员针锋相对，都默不作声。

问题分析

沈宇团队的两个负责人之所以会产生冲突，根本原因是彼此的目标和认知没有达成一致，刘成更关注市场的反馈，而薛文考虑的是技术的实现，两者的工作目标没有统一，对开发项目的认知也产生了偏差，因此产生分歧。而在会议上的冲突，主要源自彼此没有很好地沟通，缺乏理解和体谅，只站在自己的角度思考问题，坚持自己的立场，却没有寻找共同的解决方案。

管理工具　通过冲突管理模型解决问题

在带团队时，相信我们都会遇到这种两难的局面，尤其是大家都各执己见时，提出合理的解决方案变得更为困难。这时候，我们可以通过科学的冲突管理模型来分析当前矛盾，最终做出判断，到底是寻求合作还是彼此妥协更有利于团队目标的实现。

根据冲突管理模型，团队成员发生争执、彼此互不相让时，共有5种处理模式，分别是竞争、合作、妥协、回避和迁就，我们可以根据实际情况来选择一种处理模式。在实际操作时，可以按照下列流程进行。

1.判断冲突情况　根据冲突双方的性格，快速判断情况，分析双方成员的选择倾向。

2.根据情况确认处理模式　考虑到冲突发生时的场景和各方需求，以及团队的共同目标，选择一种合适的处理模式。

3.实施策略推进　扭转双方的倾向，让他们按照我们希望的方式处理冲突。

通过这种方式，我们可以让冲突按照我们希望的方式得到解决，而不是将主动权交给其他人。

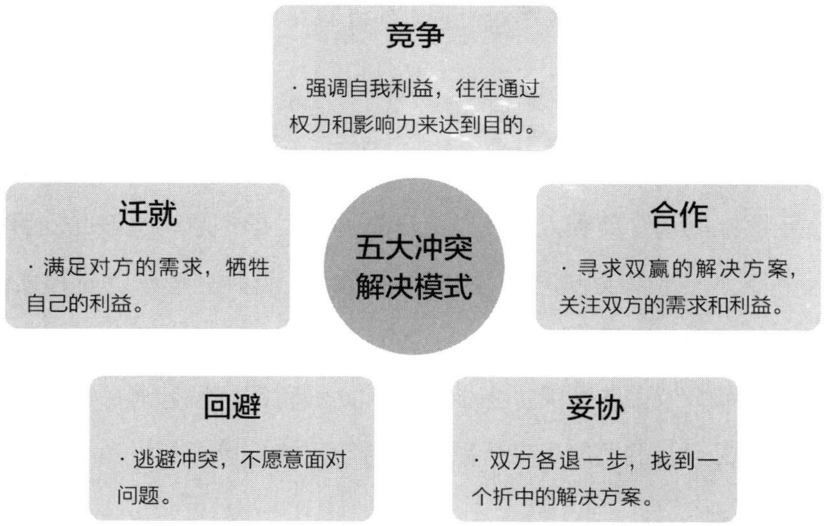

应用解析 如何在冲突发生前就消弭矛盾？

中医讲究“治未病”，就是通过察觉身体的变化，在病情显露之前就进行干预，这是成本最低、最有效的治病方法。而最好的冲突管理，也是在发生冲突之前就调解可能有的矛盾，这需要团队管理者掌握以下几点。

1. 倾听和建立同理心 强调倾听他人的重要性，鼓励大家站在对方角度思考，要有同理心。很多冲突来自成员过于自我，只会从自己的角度考虑问题，固执己见。而学会倾听他人，能让冲突在开口之前就先被化解。

2. 提前平衡需求问题 成员在合作时出现资源或观念上的矛盾，管理者越早解决越好，提前平衡需求才能避免在行动后期引起更多争议。

3. 促进跨岗位合作 为了增强团队成员彼此的理解，可以促进跨部门、跨岗位的合作，让不同角色的成员共同了解问题并参与决策，增强团队成员对目标的认同和接受，清楚每个人的行为动机，增进彼此间的了解。

4. 目标统一，责任共担 想让大家向着同样的目标前进，并愿意为了共同的目标彼此牺牲、妥协，就一定要保证责任共担，不要单独设置过于独立的考核目标，那样会让成员为了自身利益降低合作积极性。

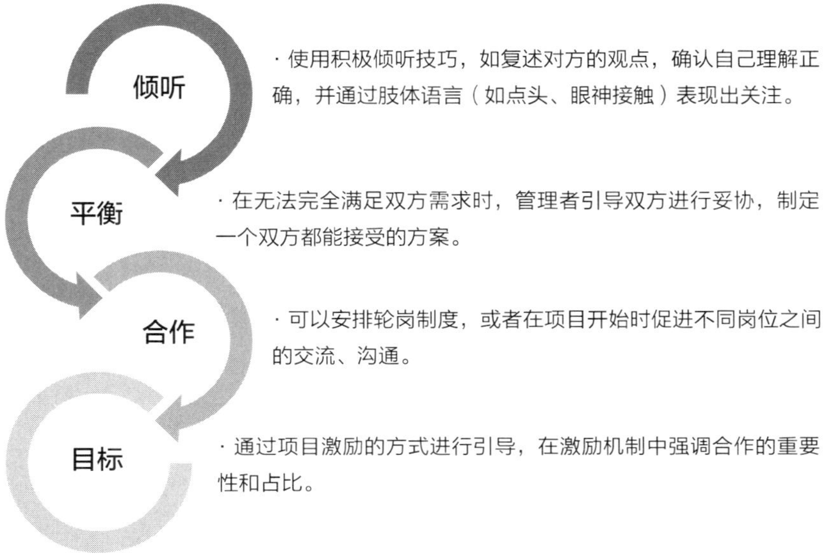

第四章

目标设定与绩效管理

利用“SMART”原则设定目标

有共同的目标，团队才能朝一致的方向前进。团队管理能成功的关键之一就是明确团队和个人的目标。设定准确的目标不仅能提升团队成员的执行力，也能给团队成员提供正确的方向和衡量标准。所以，一定要重视团队目标的设置。

问题场景　为什么团队目标总是停留在口号阶段？

杨涛是一家公司的销售部经理，他有丰富的从业经验，客户资源也很多，无疑是一名十分优秀的销售，但是他缺乏带团队的经验，不知道怎么带领自己的销售团队创造更高的销售业绩。

杨涛

我们每个月都会制定销售目标，但是我觉得形同虚设，因为每个月都完成不了，大家干脆就不把销售目标当一回事。

你是依据什么制定的目标呢？既然每次都无法完成，为什么不降低目标的要求？

朋友

杨涛

我是按照自己从事销售时的经验来制定的，这个目标其实很宽松，但我的团队太新了，大家没有什么销售经验和客户资源，所以完成起来比较困难。

你要根据大家的实际水平来制定目标，让目标有实现的可能性，才能起到激励作用啊！不然团队成员会缺乏动力，消极懈怠。

朋友

杨涛

可实现的标准真的不高，等他们熟悉了工作，肯定都能完成，到时候再提高标准，是不是会伤害他们的积极性？

这很简单，你将这个标准设置成第一阶段的目标，接下来是第二阶段、第三阶段的目标，这样团队成员能够循序渐进地实现各个阶段的目标。目标要有时间限制，而且不能将每个月的目标都设置得一样。

朋友

问题分析

杨涛在设置团队目标时缺乏经验，想用个人标准去衡量自己的新团队，这不符合团队的情况，目标因为缺乏可实现性而无法发挥作用。在设置目标时，我们不仅要设置目标完成的期限，在下一个阶段时，也可以进行适当更改和调整，要根据团队的具体情况进行安排，不能按照固定、刻板的标准制定目标。

管理工具 利用“SMART原则”设定目标

讨论团队或个人的目标设置时，我们可以通过一些工具辅助梳理思路，设置更加科学、有激励效果的目标，确保目标明确、有实现可能性，并且容易跟踪和评估结果。其中，“SMART原则”是一种常见而易用的目标分析工具，可以帮助团队成员明确理解和达成目标，提高团队的效率和满意度。

1. S：具体的（specific） 设置的目标一定不能含糊不清，而是要明确具体，只有让成员清楚地理解自己现在要完成哪些任务，目标才最有效。一个具体的目标应该清晰地说明要做什么，由谁来做，以及何时、何地、如何去做。如果一个目标可以清晰地回答这些问题，那它就是具体的。

2. M：可衡量的（measurable） 目标应该是可以量化的，只有这样才能跟踪进度并评估结果的好坏，帮助团队成员明确自己的工作进展，并根据进展情况随时调整工作状态。一个可量化的目标应该有明确的标准或指标，以便衡量进度和成果。例如，“提高产品销量10%”是一个可衡量的目标，因为我们可以通过销量数据来衡量进度和成果。

3. A：可实现的（attainable） 目标应该在现有的资源和条件下具备现实可行性。虽然目标应该具有挑战性，但也必须在团队的能力范围内，不然会打击成员的积极性，反而起到负面效果。比如，一个刚毕业的普通大学生如果定下“赚一个亿”的目标，在短期内显然无法完成，就失去了制定目标的意义。但是将目标改成“每个月存1000元”，就变得有可实行性了。

4. R：相关的（relevant） 目标只有与团队的整体发展方向和战略相关，与成员的任务、角色和目标相符合，成员才能将精力用在对团队长期发展有利的地方。比如，对销售团队来说，制定一个“将产品销量提高10%”的目标就比较相关，但对售后团队来说，这就不是一个直接相关的目标。

5. T：有时间限制的（time-bound） 要让一个目标有约束和激励意义，就一定要有明确的时间限制，如此才能帮助成员集中精力，在规定时间内突破自己。例如，“在下个季度完成产品的开发”就是一个有明确截止日期的目标，能让团队在安排工作时思路更清晰。

通过这五个部分的思考，可以帮助我们设置更有用处和影响力的目标，无论是对团队工作还是个人规划来说，都有一定的参考价值。

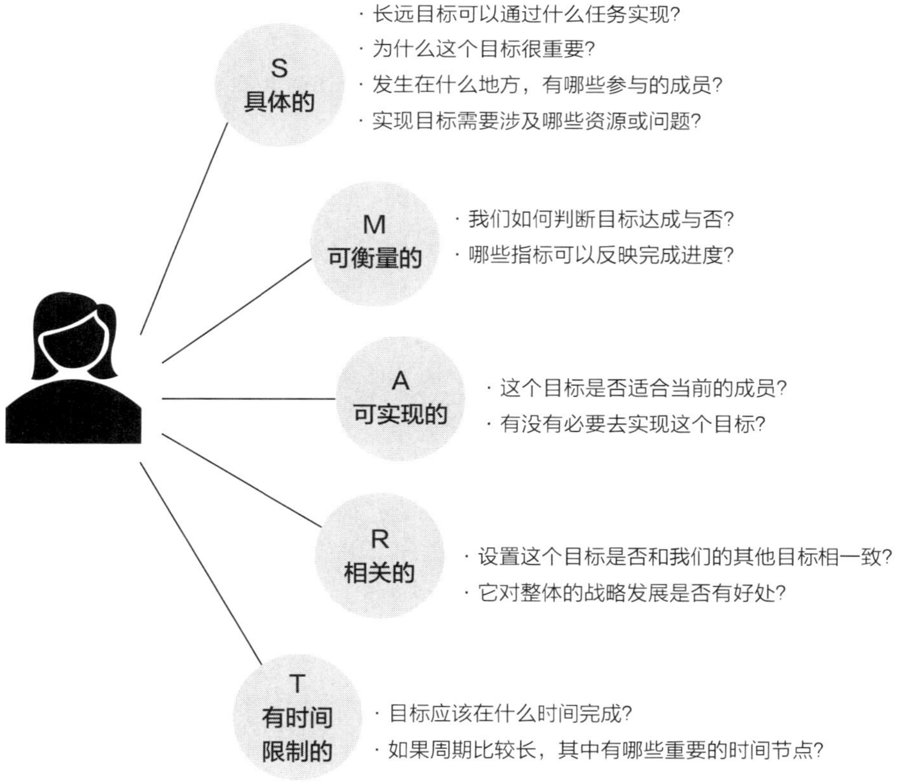

应用解析　怎样监督和优化目标的完成？

通过SMART原则设置目标，只是我们的第一步，要在工作中真正培养团队成员的目标感，让大家愿意关注目标、完成目标并形成习惯，就一定要通过一系列闭环的行动来引导和帮助成员。

第一步：通过SMART原则设置个人目标

可以创设一个团队的标准模板，在每个周期开始时帮助团队成员思考、制定和记录各自的目标，这个周期可以根据项目和工作的节奏设定，按照季度、月、周都可以。

第二步：落实行动实现目标

要让成员在工作中坚持实现目标，就一定要有适当的外界监督。我们可以组织成员结成小组，互相监督、检查和改进目标，同时，也要定期评估目标的完成情况，并适当纳入绩效管理中。

第三步：建立目标反馈机制

在目标到期后，无论是否实现，都要有反馈机制，才能确保长期习惯的形成。可以设置适当奖励，对达成目标的成员进行表彰激励，激发大家完成的动力，同时，也要对尚未完成目标的成员进行针对性指导，帮助他们解决实现过程中遇到的问题，实现其职场上的成长。

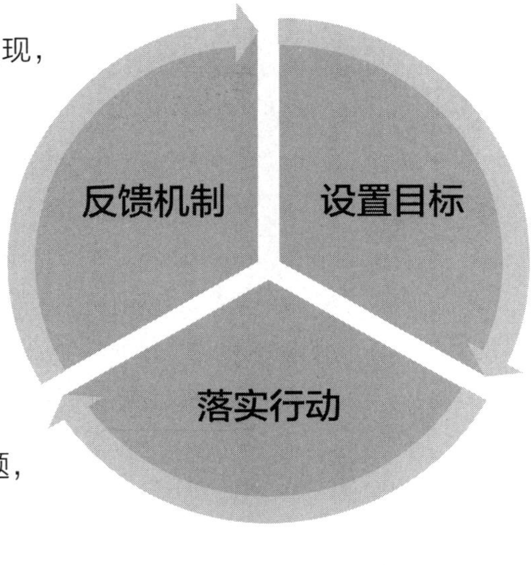

甘特图 助力目标管理

在实际带团队时，我们常常会面临一个问题——虽然团队的工作目标非常明确，但周期管理做得不好，目标周期一旦拉长，就容易跟踪不及时，进度常常无法正常推进，导致项目成员前期闲散、后期加班。除此之外，多个项目并行时，我们如何合理安排时间和精力也是一种考验。这时候，我们要在目标的落实过程中，通过一些方法实现科学的周期管理。

问题场景　目标明确，为什么实施起来总有点混乱？

作为玩具公司的项目经理，刘悦最近非常忙碌，她的团队正需要开发一款新型积木玩具，同时还在进行一个遥控汽车项目的收尾工作，任务安排一时间有些混乱。

刘悦：今天我们要讨论一下积木玩具项目的进展，根据目标，我们要在下个月完成设计和测试，然后就送厂生产了。

小张：组长，我现在还在忙着遥控汽车项目的测试工作，可能不能全力投入新项目中。

小王：我也是，现在我手头上有几个市场推广活动需要处理，时间非常紧张。

刘悦：那我们是不是可以先把手头的工作完成，再集中精力到新项目上？

小张：如果我们等到遥控汽车项目完全结束再开始积木玩具项目，可能会错过市场的最佳发布时机。

小刘：我们的生产线也要根据进度提前安排，不然到时候很混乱。

大家发现，虽然单个项目的目标很明确，但当手里累积了多个项目，项目涉及的人员也变多以后，时间安排和资源分配也是一件难事。

问题分析

刘悦的团队在周期管理和资源分配上存在明显的问题，团队没有充分考虑项目周期的重叠情况，两个项目的安排没有做到有效协调，导致团队成员无法合理分配时间和精力。同时，由于没有提前规划好生产线和市场推广活动，可能会出现资源浪费和工作效率低下的情况。在这种情况下，如果不及时调整计划做好周期管理，可能会错过市场的最佳发布时机，影响公司整体业务。

管理工具　使用甘特图进行目标管理

在进行目标管理时，为了让每个人的进度得到更加直观的展示，可以用甘特图协助。甘特图一般由四个部分组成，分别是时间轴、任务列表、条形图和依赖关系。在使用甘特图时，可以按照以下流程和思路进行。

1.将总目标分解成各自独立的任务　将项目中所有需要完成的任务都列好，可以是具体工作项目，也可以是一些比较重要的时间节点。

2.确定任务顺序和依赖关系　最好按照时间线将任务从前往后排列，让任务的推进更有逻辑性；如果有的任务有前后依赖关系，需要完成上一项才能开始下一项，就要将依赖关系标明。

3.设定开始和结束时间　根据任务的复杂性、人力多少、团队的工作能力等对每个分任务完成时间进行预估，提前分配好各项任务。

4.根据时间绘制条形图　通过各种色彩的条形图来展示每个任务的时间点、周期长度，这样可以清晰地看出不同任务的持续时间、是否重叠。

5.标注重要事项　对项目中的关键时间节点和对应的工作进行标注，通常这是阶段性目标和成果，需要重点控制好交付。

做到这些，一个项目的目标就得到了更加精准的划分，而且有了时间管理的概念，任何时候打开甘特图，我们都可以看到当前项目进展，并明确知晓项目是否有拖延、推迟，对接下来的工作安排也心中有数。

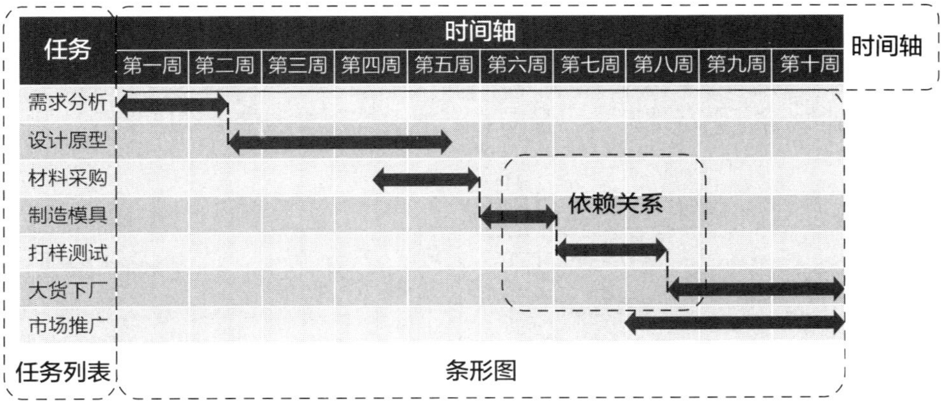

应用解析　如何在实际应用中解决甘特图的局限问题？

在实际工作中，使用甘特图虽然非常有效，但因为实际问题的复杂化和多变性，也有一些特殊情况会影响使用效果，应当有针对性进行解决。其中，最常出现以下几个问题。

1. 任务依赖性复杂　在大型项目中，任务之间的依赖关系可能非常复杂，容易导致甘特图过于烦琐和难以管理。简单的任务依赖关系，可以是一个项目完成后再开始另一个，但对复杂的任务来说，其中的关联类型有很多，如果都标注在甘特图上，就会显得过于麻烦、混乱。

2. 进度更新不及时　甘特图的任务进度是根据目标进行的规划，在实际完成时会有一些偏差。如果成员没有及时更新任务进度，有些任务提前或延后完成，导致其他相关任务也跟着调整，那现有的甘特图版本就会落后，让项目管理变得不再有效。

3. 资源分配不均　甘特图主要显示的是项目和时间安排，对人力、资源等并未做过多展示，所以可能会出现资源分配不均衡、项目进展速度有偏差的情况。

4. 过度依赖工具　虽然管理工具可以帮助我们更清晰地整理思路、进行周期管理，但它并不是万能的，千万不要过于依赖甘特图，忽略了实际沟通协作过程中的各种情况，否则可能会让团队成员对项目的理解太浅层化、刻板化，缺乏整体的视野和真正的实践认识。

针对以上四个方面，可以参考图中给出的解决办法针对性处理，让甘特图与项目工作更好地结合，帮助我们解决周期管理中出现的问题。

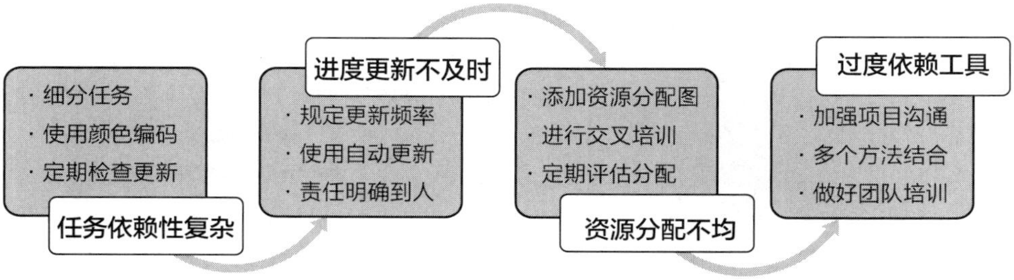

提升执行的日清单与月计划

在带团队做项目时，合理地规划和执行是确保团队高效运作的关键。具体实践时需要我们细分每日工作来确保时刻有进度，而实现长期目标又要求我们有清晰的整体项目规划。所以，我们可以通过长短期计划结合的方式有效地实现项目目标。然而，很多团队在实际操作中，往往无法很好地利用这种组合来落实目标。

问题场景 为什么总感觉自己的工作节奏安排得不好？

林放在带领团队的过程中，总感觉自己和成员的工作节奏有问题。虽然他们有明确的工作目标，也通过甘特图等分析工具将项目细分到人、明确周期，但在单个周期内，大家还是缺乏良好的工作节奏。

小方：有时候，我这个环节的任务需要五天完成，为了不耽误交付，我就会前期先赶进度，在第三天就做完了。

林放：这不是很好吗，说明你工作效率高、交付意识很强。

小方：但是这样我会觉得很累，长期透支自己的体力，对健康有影响。而且，任务往往都是按期开始，我提前了两天完成，后两天没工作可做。

林放：我明白了，这样一来你就会觉得自己的工作节奏被打乱了，确实很难受。

小方：没错，就是这样。还有一些同事跟我相反，先放松几天，最后再赶进度，这同样会感到疲惫，还容易错过交付时间，也不是好习惯。

问题分析

林放的团队能做好目标管理和周期管理，在大方向上确定了团队和个人的工作内容，但到具体实施时，缺乏明确的指引，每天的任务没有具体的清单，就会产生工作节奏不对的问题，最终在长期“加班—放松—加班”的波动中感到身心俱疲。短期任务和长期任务之间缺少协调和连接，就会消耗团队的精力。

管理工具　每日清单提升执行力

短期和长期计划合理的结合可以帮助团队高效运作，我们可以用每日清单来进行工作管理，不管是团队的每日任务还是成员个人的每日工作，都可以通过每日清单梳理，提高执行能力。

每日清单内容的排布有一定的原则，一般可以遵循下面几点建议。

1. 明确目标　每日清单上的任务应该与整体项目目标和长期计划相一致，确保每天的工作都有助于实现长期计划。

2. 按优先级排序　根据任务的重要性和紧急程度进行排序，确保最重要的任务放在最前面，可以优先完成。

3. 具体可操作　应制定具体且可操作的任务。制定任务时，要避免使用模糊不清的表述。例如，“完成 × × 报告”比“工作报告”更具体。

4. 做好时间估算　为每个任务估算所需时间，确保任务在一天内可完成，工作量过多会出现过多压力，直接影响工作效率。

5. 预留调整的空间　每日任务不要衔接得过于紧凑，应该预留出一定的时间，这样清单才具有灵活性，以应对突发事件或优先级变化。

6. 六项任务原则　每日任务数量应适中，一般不超过6项，避免任务太多导致无法完成，也避免任务太少导致资源浪费。

7. 复盘回顾　每天工作结束时回顾任务完成情况，以便调整第二天的任务清单，确保持续改进和优化。

24.08.21工作清单

- ☑ 1. 完成积木玩具设计初稿的草图（2 小时）
- ☑ 2. 与设计团队讨论设计细节（1 小时）
- ☐ 3. 准备设计初稿的材料（1 小时）
- ☐ 4. 处理客户反馈邮件（30 分钟）
- ☐ 5. 更新项目进度报告（1 小时）
- ☐ 6. 参加项目进度会议（1 小时）

应用解析　如何做好月计划衔接短期任务和长期任务？

通过制订月计划，我们可以衔接每日清单这样的短期任务和项目目标这种长期任务。如果我们只看项目目标，有些过于笼统，就不容易找到执行思路；只看每日清单，又过于详细和局限，就很难把控节奏。加入月计划，相当于对长期任务进行了一次细分，明确交付工作的内容和交付时间；根据每月的安排进行每日工作梳理，会更贴近长期目标、不容易思路走偏。所以，梳理月计划时，我们要花更多的心思，可以按照下面几个步骤进行。

1. 待办事项整理　将近期想做的、需要做的事情先列成一个总的清单，此时，不管任务大小、时间长短，都可以写下来。因为第一步需要保证事项的完备性，确保不会忽略任何任务。同时也要记录暂时不紧急或不是特别重要的事项。

2. 筛选排序　使用我们之前介绍的四象限法则或二八定律等方式，对整理出的待办事项进行分类，将下个月需要完成的事情筛选出来。这时，要优先安排完成那些紧急且重要的任务。注意每个月能完成的任务是有限的，筛选时要考虑实际可行性。

3. 制订月计划　根据筛选和排序的结果，得到一个初步的月计划。这是一个原始的计划，在实施过程中可能需要调整和修改。我们可以将待办事项大致安排到每个周甚至特定的日期中，或者制作一个月历表格，将每个事项拆分后进行简要安排。

4. 记录要简明扼要　月计划的目的是衔接长短期目标，梳理思路引导方向，所以不必写得过于详细，保留实际操作时的灵活性。因此，记录方式要简短，可以按照“3W”法则记录任务：What（做什么），When（何时），Where（何地）。

通过这种方式，让长远任务有了落地的可能性，团队在工作中也有了更多方向感。

	周一	周二	周三	周四	周五	周六	周日
7月计划					1	2	3
	4	5	6	7 14:00 320室 项目中期会	8	9 10:00 会展中心 推广活动	10
	11	12	13 初稿验收 截止日	14	15	16	17
	18	19	20	21	22 样品出货 测试	23	24
	25	26	27 9:00—16:00 工厂 大货下线日	28	29	30	31

让团队目标与个人目标对齐

在带团队的过程中，我们不仅要确保团队目标的实现，还要关注团队成员的个人发展。如何将团队的目标与个人的事业发展目标对齐，使工作既有利于集体也有利于个人，是每位管理者都要面对的挑战。通过有效的沟通和科学的管理工具，管理者可以在团队和个人之间找到平衡，激发每个成员的最大潜力。

问题场景　怎样才能让成员对工作更用心？

孙源作为部门经理，发现新招来的两名成员小张和小刘最近一段时间工作效率下降，开会时也显得心不在焉，游离于团队工作之外。于是，孙源找机会私下跟他们沟通，想了解发生了什么。

孙源：感觉你最近的工作进展似乎变慢了一些，是遇到了什么困难吗？你可以畅所欲言，我会尽量帮助你。

小张：感觉最近有很多任务，但是都比较琐碎。当初我应聘这个岗位，是想在技术工作中得到长期的训练和发展，但现在的工作主要是处理一些杂事，团队的技术工作都分配给了老员工，我觉得自己在工作中没有任何成长。

小刘：我的岗位工作之前没有人做过，所以要从头开始制定各项流程。我花了很多时间制定工作流程，没有时间处理更专业的工作，我总担心自己缺乏竞争力。

孙源：但是你们现在做的工作也都是部门需要的，总要有人来做，这个问题我再想想。

问题分析

孙源团队中的部分成员工作时缺乏积极性，主要是因为个人的职业规划、工作期待跟团队的需求不匹配，团队的目标没有跟个人目标对齐，这样很难调动他们的工作积极性。我们在分配工作时，针对相同的岗位，应该将核心工作和支持性工作均匀分配，确保不会有成员成为团队的“打杂专业户”或“摸鱼达人”，让每一位成员都能在工作中成长，看到自己的进步。如果长期忽略成员的需求，很容易造成人才流失，不利于团队的长远发展。

管理工具　通过OKR工具让个人目标与团队目标对齐

在带团队时，我们可以巧妙利用OKR工具，让成员个人的职业发展更加清晰，并能跟团队的目标对齐。

当采用层级结构的OKR工具时，团队可以在高层级列出整体的目标和关键结果，在低层级列出每个成员对应的目标和关键结果。这样既实现了对团队目标的合理分配，确保每个任务都明确到人，又让成员清楚自己的个人目标是什么，后期进行工作审查、结果评估时，也会更加清晰。

我们在给团队成员制定个人目标时，需要进行一对一沟通，了解对方的职业规划和对工作的期待。再通过合理的分配和平衡，保证个人目标的设置跟成员的发展期待相匹配，或者部分关键结果匹配，匹配度越高，成员对当前的工作内容就越满意，更容易激发工作的主动性。

通过层级结构的OKR管理模型，可以透明地展示这些任务内容，让大家意识到目标和关键结果分配的公平性，也会增加成员对团队目标的认可。

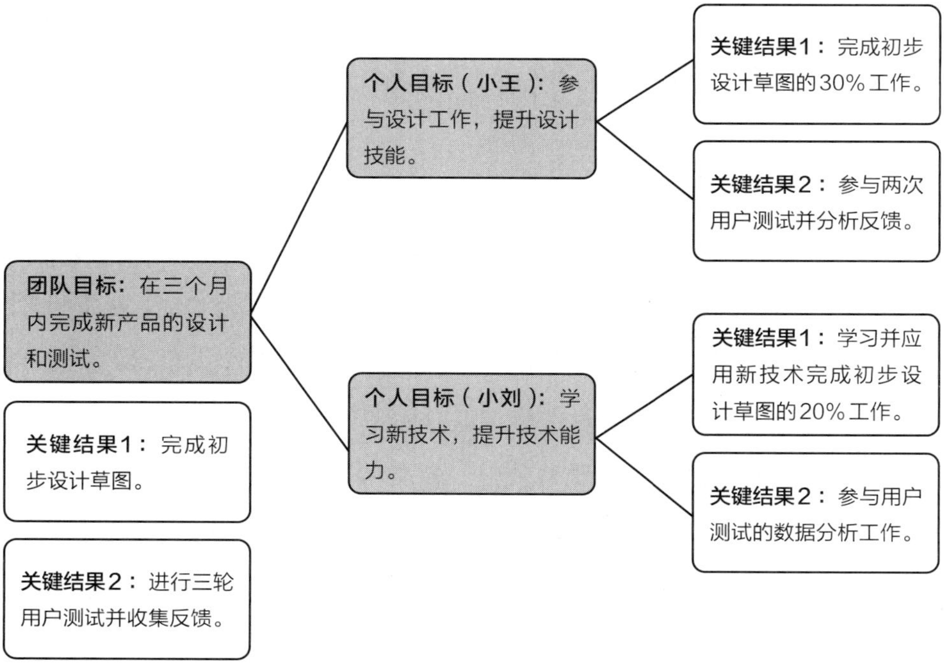

应用解析　给成员选择的余地，让工作更有自由度

在职场上，处境不同的成员对工作的诉求也不一样，有的人看重长远的个人职业发展，有的人看重即时的工作回报，有的人喜欢有挑战性的复杂工作，有的人则喜欢相对简单的工作内容。所以，如果不了解团队中的每个人，即使是一个优秀的管理者，也很难在分配工作时确保成员的个人发展目标和所分配的工作匹配。而从团队的长远发展来看，如果成员所做的工作与他们的个人发展目标相差甚远，他们的长期稳定性一定会下降，而频繁的人员流动不利于团队长期保持高效运作，所以，我们要尽量察觉并满足成员的诉求，让团队与每个成员互相成就。

我们可以适当地给成员一些选择的余地，在不妨碍团队目标的前提下，提升成员做规划的自由度，他们会更有归属感和主人翁意识。

如何让成员做选择呢？需要做到以下几点。

1. 了解诉求　通过沟通了解，我们才能知道成员的个人目标和职场定位，并根据不同成员的诉求整理出团队的成员概况，针对他们的特点适当倾斜工作内容。这种了解应该在面试时就开始，因为团队对面试者的诉求跟成员的职场目标一致，才能达成最佳合作。在后续工作中，可以定期安排一对一面谈，在让成员了解团队满足他们的需求的同时，也让管理者了解每个成员对未来的期望，及时把握成员不同阶段的诉求。

2. 设计选项　在协助成员制定个人目标时，我们可以拆分出多个跟个人目标相关的关键结果，如每个成员最终要确定3项结果，我们就可以给对方5～6项选择，难度和涉及的工作内容各不相同，让成员在一定范围内做出选择。对很多人来说，是否有选择体现了工作的自由度，一般情况下，自由度越高越容易提升对方的满足感，并激发他们的工作积极性。所以，在一定范围内给成员设计选择的机会，对团队工作的正面影响比我们想象中要大得多。

3.引导选择　如果我们希望成员选择特定的几个选项，但又不想强制分派，引起成员的不满和抗拒，可以在设置选择时稍加改动。比如，除了特定的选项，其他工作内容可以设置得更有难度或挑战性，并主动告诉成员这些工作有可能比较困难。这是一种引导和暗示，对方在我们的引导下可能会主动做出我们所希望的选择，但是在形式上依然保留了选择的过程，就不容易打击成员的积极性。有效的引导而非强制分派，能在心理上起到积极暗示作用。

4.提供支持　成员对个人目标和关键结果做出了选择，我们也不能就此放任他们独自面对挑战，在工作中还要提供必要的帮助。尤其是一些跟项目核心有关的重要结果，要及时追踪，给予成员帮助。选择只是开始，完成才是重点，有足够的资源和技术支持，成员才能更好地完成项目，并从中得到成长。

通过以上四个核心步骤，我们可以给团队成员营造更自由、积极的职场环境。

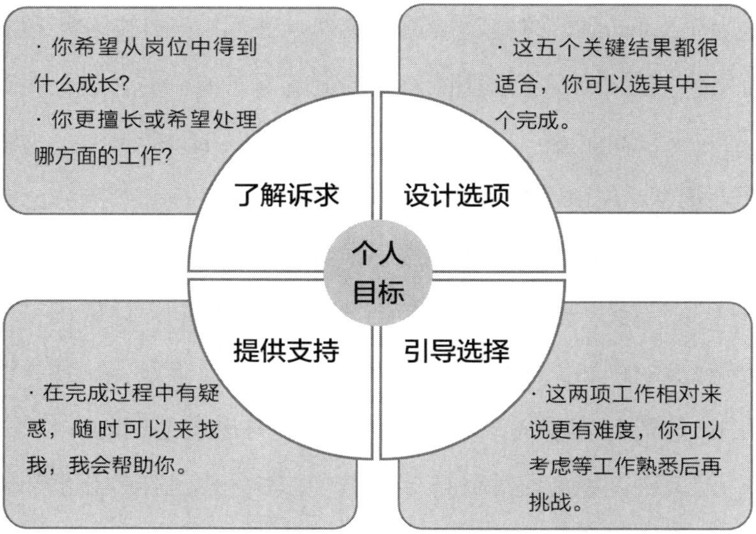

对比目标和成果，复盘到底看什么

在团队管理中，复盘是一个至关重要的环节。通过复盘，我们可以总结团队的成功经验和失败教训，为未来的工作提供宝贵的参考。然而，很多团队在复盘时往往不知道应该关注哪些指标，导致复盘流于形式，无法真正起到提升团队绩效的作用。

问题场景 团队复盘为什么总是没有思路?

刘晓云带领的团队刚刚完成了一个项目，在项目开展的过程中，团队遇到了许多问题。于是，她召集了团队成员，准备召开一次复盘会议。

刘晓云：我们来复盘一下上个月的项目，你们觉得完成得怎么样？我感觉有些地方可以做得更好。

小王：我们在前期的开发阶段花了过多时间，导致后续没有充足的时间修改、优化。时间安排得很不合理。

小李：我觉得人力分配有点不合理，负责后期工作的成员在前期比较空闲，应该尽量调整一下工作安排，让大家劳逸结合。

刘晓云：你们说得都很好，那么我们应该如何改进呢？你们有什么想法？

小刘：我感觉大家都能意识到有些地方存在问题，但是不清楚问题具体出在哪里，如何去改进。

小孙：之前我们也记录了每项任务完成的时间、成本控制或者测试结果之类的数据，不过还没有分析过，也许分析完了能得出一些结论。

开完复盘会议，刘晓云仍然觉得云里雾里，对于如何改进工作并没有更加明确的想法。

问题分析

刘晓云的团队在复盘时遇到了几个问题。首先，复盘的内容不系统，成员思维比较跳跃，只关注自己关心的话题，表达的也是主观感受，缺乏系统的数据分析。其次，对成果的评价指标不明确，没有可量化的指标来衡量项目哪里做得好，无法在复盘时聚焦于关键问题进行讨论。最后，没有利用好所记录的数据，一些能在数据中客观体现的问题被掩盖了。

管理工具 采用鱼骨图的时间线复盘法

根据时间线复盘是一种按照项目进展顺序来回顾和分析的方法。这种方法能帮助团队更清晰地了解项目各阶段遇到的问题及其解决办法，使思路更加系统化和全面化。我们可以通过鱼骨图时间线的方式，对时间线进行复盘。在复盘时，可以按照下面几个步骤进行。

1. 复盘准备阶段 收集项目各阶段的关键数据和文档，包括计划、进度报告、会议记录、测试报告、客户反馈等。根据收集的材料，确定项目的关键时间节点，如项目启动阶段、设计阶段、开发阶段、测试阶段、发布阶段等。

2. 构建复盘时间线 通过鱼骨图绘制复盘时间线，在时间线上添加各个阶段的重要事件和里程碑，包括任务完成、问题出现、决策点、资源变动情况等，这就是"鱼骨"的分支。

3. 分阶段回顾和讨论 按照时间线的顺序，逐一回顾项目各个阶段的进展情况，讨论每个阶段的成功经验、遇到的问题及其解决办法。

4. 总结分析 根据时间线复盘的结果，总结出项目的成功经验和失败教训。深入分析出现问题的原因，找出共性问题和根本原因。最后，根据分析结果，制定具体的改进措施，为未来的项目提供指导。

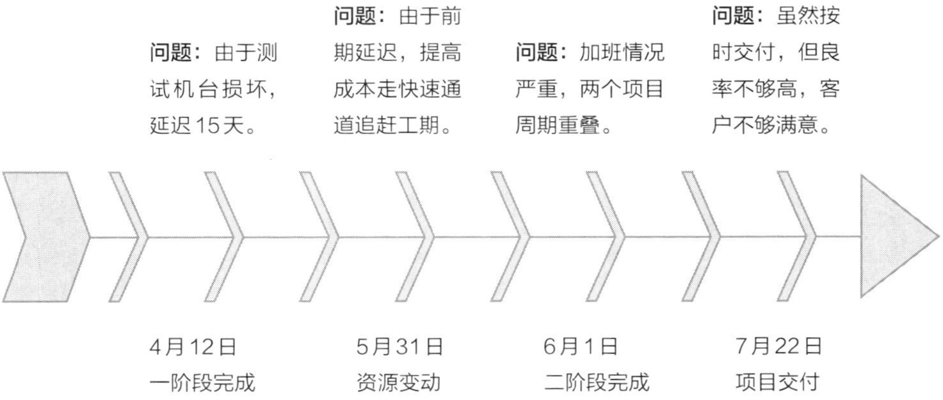

应用解析　复盘的关键是要找到指标依据

时间线复盘法可以帮我们整理思路，知道项目在哪个阶段完成得如何，进一步分析需要改善或坚持的地方。当我们对完成时间、生产成本、产品质量等项目比较看重的因素制定完善的指标，就知道时间控制到什么范围是合适的、生产成本超过多少就无法接受、产品质量应该达到什么标准客户才会满意，这样才知道后续应该如何改善。因此，复盘的关键是要找到指标依据，有了评估指标，我们才能更了解团队关注什么、项目需要满足什么。一般来讲，这些指标可以包括很多方面。

1. 时间　项目的完成时间是一个重要指标。很多项目具有时效性，一旦错过关键节点，市场的反响就可能快速降低，影响最终的收益。所以，时间指标对绝大多数项目来说都是必备的。

2. 成本　项目的实施需要成本预算，不管是人力还是资产的投入，都是成本。高成本投入可以促成项目更快更好地完成，但在控制好成本的前提下完成项目更有意义。

3. 质量　项目的完成质量可以根据行业、产品进行多角度评估，既可以参考行业内的质量指标，又可以根据市场反应进行评估。

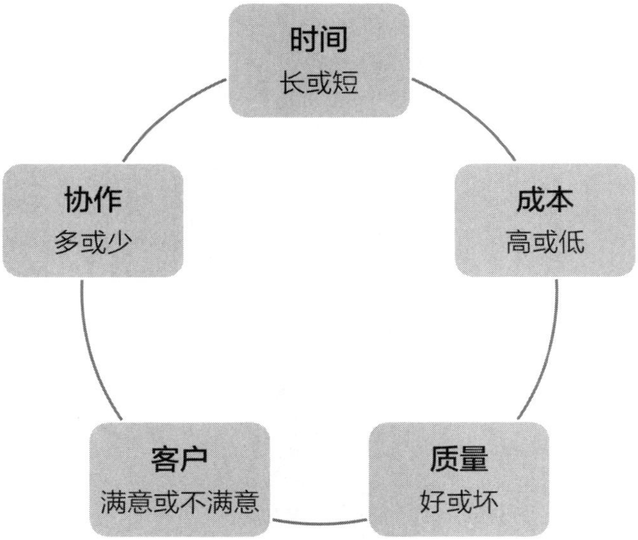

4. 客户　我们面向客户提供服务时，客户的满意程度、对产品的反馈，也可以作为项目的复盘指标。有时候，客户的满意度是多个维度的，既包含了对产品的评价，也包含

了客户在合作中的感受，让我们可以从多个角度提升团队工作。

5. 协作　团队内部的协作评估，可以根据成员之间的合作情况和任务分配是否合理来设置指标，评估哪里还需要提高。

找到了指标依据之后，我们再去审视工作时，就会更有思路，也可以通过更加客观的态度去判定项目有哪些地方还需要提升，而不是纯凭自己的主观印象处理，这样复盘出来的结果才是有价值、可参考的。

如何制定有意义的绩效指标

绩效管理作为现代企业的重点内容，也是我们在带团队时绕不开的一项管理工作。大多数人力资源管理者都认为，绩效管理是最重要也是最难做的一项工作，因为公平、公正、合理的绩效考核制度，不仅建立在公正的考核流程上，也建立在管理者对客户、团队成员等利益相关方的内心诉求洞察上，也就是要考虑到“人性需求”的重要性。

问题场景　为什么绩效指标给工作带来了负面影响？

申经理在某公司负责销售团队的管理，最近，公司为了激励大家达成更高的销售额，推出了新的绩效考核政策。没想到一个季度过后，申经理发现自己团队的销售业绩反而下降了，成员还有很多不满，在会上，他们讨论了这个问题。

小王：经理，我觉得我们的绩效考核要求太高了，根本不可能在这样的市场环境下完成。

申经理：公司要求我们必须达到这些目标，达到目标之后也会有奖金，这是为了激励大家啊！

小王：激励？我觉得这根本是在逼迫我们。而且很多指标跟我们销售有什么关系呢，我花了很多时间完成这些多余的指标，增加了我的工作量。

小张：我们的考核标准都是独立的，很多时候团队成员都在抢客户资源，甚至互相拆台。现在团队氛围变得很差，根本无法合作。

小孙：最近为了完成绩效，我不得不对客户做出一些不切实际的承诺，结果客户投诉不断增加。这样下去，我们的信誉也会受影响。

问题分析

申经理的团队绩效指标设置并不合理，没有起到正面意义。目标过高或与工作不相关，超出了员工承受范围，导致大家压力过大、无法按时完成任务；目标只考虑眼前，没有考虑到长远的发展和团队合作，导致成员抢客户、给客户胡乱承诺等情况出现，这不仅影响内部氛围，也影响公司的口碑。此外，在恶性的考核环境下，大家会感觉到受到逼迫，工作的积极性也会下降，甚至心生抗拒。

管理工具　将关键成功因素纳入绩效考核指标

在制定绩效考核指标时，不管是哪个团队，最终目标都是想通过这种形式提升员工工作的积极性，让成绩可以更上一层楼。所以，有意义的绩效考核应该是正向的，指标的设置应该是能起到激励作用的。这时候，我们可以从多个方面考虑关键成功因素，将其纳入绩效考核指标中。

关键成功因素，就是促使一个团队高质量完成工作的因素。通过分析关键利益方的需求，提取出关键成功因素，再映射到具体的岗位，就能得到有效的绩效考核指标。比如，有的客户可能比较看重产品质量，那么产品的良率、参数等就是关键成功因素；有的客户比较看重服务，如售后的反应速度、对问题的处理效果，那么客服的满意率、技术支持的响应速度和完成率就是关键成功因素；成员如果更看重薪酬福利，设计科学的薪酬激励体系就可以作为关键成功因素。

我们要构建关键成功因素和工作流程、对应岗位之间的关系，将要实现的外部目标与内部管理结合起来。比如，客户的需求落在产品质量上，对应的团队工作流程就是“产品设计开发”，找到流程环节，就能对应到具体岗位，这就是该岗位应该纳入的考核指标。同样，如果员工的需求落在薪酬管理上，就对应“人力资源管理”，再细分到各个岗位。

这种方式可以帮助我们找寻到更核心、有意义的考核指标。绩效考核的指标要求不需要太高或太多，过量反而会分散大家的注意力、降低完成的积极性，应该选取最核心的指标，实现“四两拨千斤”的效果。

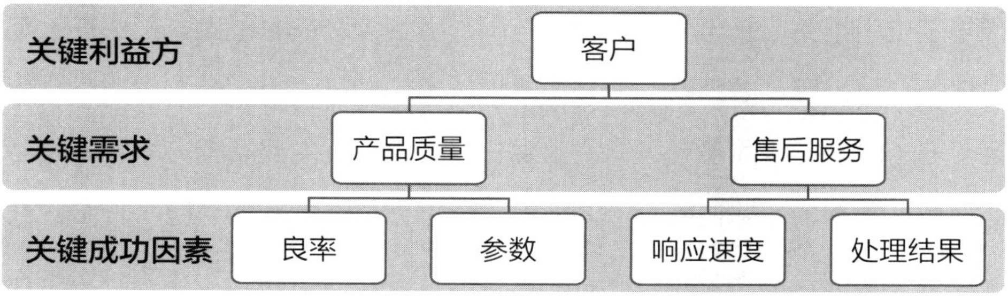

应用解析　7个问题思考指标的意义

绩效考核指标的制定需要关注“人”而非“器”。考核只是一种工具，通过这种工具，激发人的积极性，所以我们还需要了解考核对象的需求和反应。

在真正制定和评估指标时，我们可以通过7个关键问题，思考每个指标的意义。

1.面向客户思考　指标的存在能够更好地给客户提供服务或者创造价值吗？还是它的存在会降低服务的质量，让客户不满？

2.面向工作思考　指标的制定能让大家更愿意投入工作中吗？还是会让大家厌倦自己的工作呢？

3.面向环境思考　指标的存在能促进团队氛围的提升、让大家形成良好的人际关系吗？还是会让团队关系恶化呢？

4.面向合作思考　指标能让彼此之间的合作变得更高效吗？还是降低了合作的可能性呢？

5.面向成长思考　指标能让大家更懂得如何工作吗？还是会阻碍了大家的工作和成长呢？

6.面向管理思考　指标是为了激活大家的创造力和工作动力吗？还是为了控制员工、提高服从性呢？

7.面向未来思考　指标在长期能形成良好的正向影响吗？还是只是为了完成眼前的任务，竭泽而渔呢？

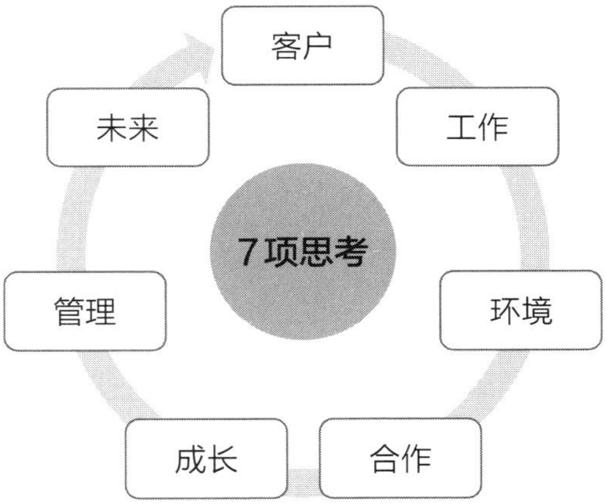

这7个问题，我们可以对每个考核指标都问一遍，一定要秉持“宁缺毋滥”的原则，只有确保能实现积极影响的因素才能设置成指标。

绩效考核怎样才全面

绩效考核不仅可以衡量团队成员的表现，也往往跟激励、薪酬挂钩。只要是合理的绩效考核指标，成员往往都比较在意并对结果有所期待，所以我们更要关注绩效考核的全面性，确保我们可以全面地考虑到每个人对团队的贡献，准确地衡量大家的工作表现，这对团队管理者来说是一个不小的挑战。

问题场景　绩效考核为什么会让员工不满？

陈主管刚刚调任到某部门，在年底进行绩效考核时，他综合考虑了大家在项目工作中的表现，给成员进行了打分，却没想到绩效考核结果一出，不少人都觉得不满意。陈主管打听了一下，才发现大家各有各的理由。

老李：上半年的两个项目能够按时交付，是因为工艺部门的主管是我以前的同事，我跟他打了招呼，才加速推进了我们的项目，但是主管没考虑这一点。

小张：我今年带了两个新成员，都是应届生，花了很多精力去培养，结果主管给他们打的分跟我一样，以后我再也不带新成员了。

小刘：我们今年的项目进展的确是最慢的，但这是公司最前沿、最具有挑战性的项目，我所花的精力不比别人少，结果因为没有短期回报就给我打低分，以后我不会再做这种吃力不讨好的事！

陈主管进行了反思和总结，发现自己的绩效评估方法确实不够全面，没有考虑到大家的综合情况，导致大家对绩效考核的结果表示不满。

问题分析

陈主管在进行绩效考核打分时，过于强调在项目工作当中的个人表现，评估指标比较单一，不能全面反映成员的工作表现和贡献。无论是给团队带来支持资源，还是培养新成员，都是对团队有帮助的工作，应该考量在内。同时，评估的标准过于刻板，只看短期成果，没有考虑到任务的难度、挑战性和周期，容易让成员倾向于做“短平快”的工作。

管理工具　平衡计分卡，多个维度考量绩效考核

想要相对全面地进行绩效考核，我们就不能仅仅从岗位职责、项目工作的角度进行考量，应该从更加复杂的维度评估每个岗位，从多个角度切入设计绩效考核。一般来说，可以从财务、客户、内部流程、学习成长维度来思考。

1. 财务维度　主要衡量团队工作中的项目财务表现。比如，在完成项目时，是否做好了成本控制，能不能实现一定的利润率等，跟财务收支相关的评估指标都属于这个维度。

2. 客户维度　针对客户反馈进行评估，衡量客户的满意度等，相关信息可以通过跟客户的交流获得，如客户对产品或者服务的满意度调查问卷、客户投诉率等。

3. 内部流程维度　主要衡量完成项目时内部的流程效率，如任务是否按时完成、资源利用率高低、能否协调内部合作等。

4. 学习成长维度　衡量团队成员在工作中的成长情况，如参加了多少次培训、技能提升程度如何，针对经验较丰富、资历深的老成员，还可以考虑他们有没有报名培训讲师、是否担任新成员导师等。

通过这几个维度，我们可以从更复杂、立体的方面去评估成员的工作成果，尽量更全面地给出一个结果。

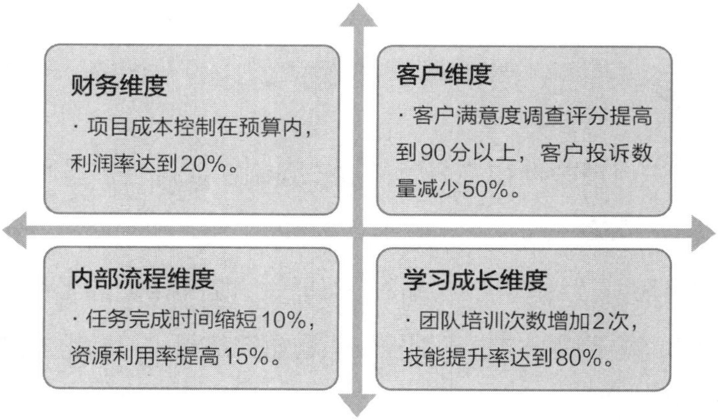

应用解析　如何通过打分系统量化评估结果？

绩效考核的考虑因素和内容越复杂，就代表结果的呈现越不直观，怎样可以将复杂的评估结果通过更加简洁、统一的形式传递给成员呢？可以用打分的方式将每一个评估因素进行量化，最终整合得到整个团队统一的结果。设置打分系统时，需要注意以下几点。

1.明确的评分标准　每个绩效考核指标都应该有明确的评分标准，如五分制的绩效考核，就要根据完成程度给1～5分。评分标准应当详细说明每个分数对应的具体表现，避免主观判断。

2.科学的权重分配　根据团队和岗位的具体情况，合理分配各个指标的权重。例如，销售岗位可以重点考虑销售额和客户满意度，研发岗位可以重点考虑项目交付质量和创新能力。权重高的指标，就可以分配更高的百分比，最后通过公式计算得出最终结果，例如：

指标1计分×30%+指标2计分×40+指标3计分×20%+指标4计分×10%=最终结果。

3.高斯型分布　在打分时，尽量保证在中间值的成员数量最多，向着高分和低分方向的成员数量递减，最终形成高斯型分布。这种分布最为稳定，少量的高绩效可以起到激励作用，少量的低绩效减少了成员的普遍不满。大多数成员可以处于较为安全的中间值，既不会过于紧张，又依然有奋斗的动力，更适合促进团队长远发展。

通过这种原则设计打分系统，不仅可以量化我们的评估结果，也能让绩效考核更加科学、合理。

成员绩效不佳，应该怎么办

既然进行了绩效考核，总有少部分成员是低绩效，可能是因为项目完成不达标，也可能是因为工作表现不及格。但不管出于什么原因，一个低绩效总是刺眼的，这也传达了管理者的不满，如果处理不好，很容易形成对方和管理者、团队的对抗。所以，成员绩效不佳的时候，我们一定要注意沟通，千万不要让对方陷入情绪的负面循环。

问题场景 怎样将低绩效的信息传达给成员？

孙芸芸担任客户服务团队的管理者一年，第一次进行团队年度绩效考核，因为绩效分布要求，必须给团队内 1 ~ 2 名员工打低绩效，这让她十分为难。在经过谨慎评估以后，她确定了两个表现确实不佳的成员，但如何告知对方成为新的挑战。

孙芸芸：该不该由我把这件事告诉他们呢？要不我就当不知道吧，能拖一天是一天。

朋友：让他们从你这里得知绩效结果总比他们从系统上看到要好。你主动和他们沟通，能够减少他们的负面情绪。

孙芸芸：可是该怎么说呢？难道要当着他们的面指出他们在工作中表现不佳，所以绩效分数低吗？

朋友：你可以客观地分析一下给他们打低绩效的原因，鼓励他们改进工作中的不足，主动给他们提供帮助。

孙芸芸：这里面有个员工比我年纪还大呢，我实在是说不出口，总感觉不好意思。

因为总是克服不了这种心态，她又拖延了好几天，还是没有跟两位员工好好聊一聊低绩效的问题。

问题分析

人们在心理上总是下意识地抗拒负面信息，哪怕去传递负面信息。但这是管理者必须做的事情，孙芸芸这种拖延的心态就是不成熟的表现。我们给团队成员打了低绩效，最好主动用委婉的方式告知对方，越是拖延越容易被成员误解。而且，在谈论绩效时应该就事论事，不能有情绪上的为难、愧疚或其他自我动摇的心态，不然容易显得心虚，更让成员觉得无法接受。沟通时，也不应该过于直白，可以使用一些技巧，让对方更容易接受。

管理工具　传达低绩效的5大沟通技巧

我们已经给了某些成员低绩效时，想要避免对方的抗拒、不满等负面情绪，让绩效考核转变成激励对方努力改进的动力，就必须注重绩效传达时的沟通。在沟通时，有5个重要的技巧。

1.不要拖延　不管谈话多么棘手，我们也不能拖延，因为越拖延，对方就越有可能已经接收到自己评了低绩效的信息。一旦成员先知道了信息，可能会产生错误的猜测，也可能会做出一些对抗的准备，这些都会让我们接下来的沟通变得更复杂。

2.淡化结果　很多时候，我们给了低绩效的评分并不代表对方真的表现很差，只是因为团队成员的绩效分布必须遵循一定比例，不得不有人列入低绩效。成员在乎的不仅仅是绩效高低，还有团队对自己工作和表现的认可与否，淡化结果可以让他们更安心，知道自己的工作还是被认可的。

3.提供例子　成员真的在某些地方表现不佳而得到低绩效，管理者一定要做好准备，列举成员在哪些地方有不足之处，按照绩效考核标准进行分析，才能说服他们接受。

4.积极倾听　我们的目的不是传达低绩效信息，而是在传达时不让成员产生反感，进而影响工作，所以了解成员的想法很重要。当我们已经将重点信息都说清楚了，更应该给成员一个说话的机会，让他们说出自己的想法和感受，了解他们的诉求并进行解释和帮助。沟通应该是双向的，只有将所有的误会都消除、讲清彼此的意图，成员才能更安心地工作。

5.阐明期望　沟通时，我们也要给出对未来的期望。比如，希望成员有哪些改进，或者希望将来能够达成哪些目标，这也可以成为后续一对一谈话的长期主题，协助成员进行自我提升。

好的沟通方法可以扭转乾坤，关键是要表达清楚“绩效考核没有那么重要，我们更期待你以后的表现”这样的态度，给成员积极信号。

应用解析　如何让员工认可绩效考核？

在给出低绩效的时候，我们最担心的一件事就是成员受到打击后产生对抗心态，从不认可低绩效延伸到不认可绩效考核制度，这会影响他们对团队的信任度。所以，想要让团队更平和地接受不同的绩效结果，前提是通过沟通让成员先认可绩效考核的内容。

在沟通时，我们应主要针对以下几个方面，让大家更清楚自己的使命和任务。

1. 绩效考核目标　我们要明确地告诉成员，绩效考核目标是什么，如维护好客户渠道、实现销售额的提升等，让大家心中有数。

2. 实现目标的要素　之前我们讲过，评估指标的设置是从关键成功要素中提取出来的，同样，我们也要告诉成员实现目标的要素有哪些，通过什么方法和途径可以实现，这样大家才清楚自己接下来要怎样完成。

3. 强调成员共识　想让成员愿意完成绩效、乐于接受绩效考核结果，就一定要认可绩效考核的制度，这需要我们在沟通中尽量引导大家达成共识。可以请成员分享自己的经验和建议，协调彼此之间的需求，调整绩效策略，让它更加科学。

4. 提高奖励期望　适当地宣传绩效考核较高时的奖励措施和相关标准能够使团队成员更加努力工作，争取获得奖励的机会，鼓励成员超越自我，也让他们体会到成就感。

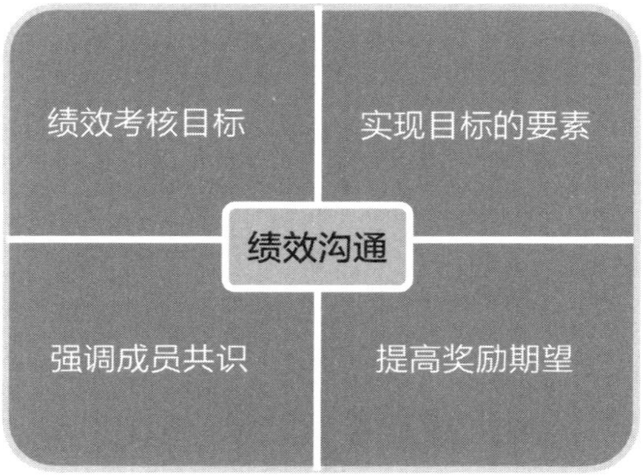

做到以上4点，成员就可以更加深刻地理解绩效制度，即使暂时没有实现期望，也不容易动摇或产生对团队的质疑，保持团队的稳定性。

第五章

适时激励，保持士气

如何激励团队成员

在带团队时，激励成员是确保团队高效运作和实现目标的关键因素。正向的激励并不仅仅是通过发放奖金或表扬员工那么简单就可以实现，它涉及多个方面的因素，需要我们了解每个团队成员的不同需求、动机和个人目标，才能制定出激发他们潜力的激励策略。

问题场景　为什么激励反而让成员不愿意努力了？

在一家快速发展的科技公司中，团队经理李晨负责带领一个由5名软件工程师组成的团队。为了激励团队成员，李晨设立了月度最佳员工奖和项目完成奖。然而，团队中有两名领到同样奖金的成员却并没有感到高兴，反而颇有不满。

小孙：虽然我跟小张都拿了项目完成奖，但是我在项目工作之余，还承担了不少团队的日常工作，如负责服务器的管理维护，为什么我们的奖金却一样多？

小张：我的工作时间比小孙长，现在的项目也更难。之前我经常加班到深夜，就是为了解决项目中遇到的新难题。我的项目价值应该更高，怎么和小孙一样只拿到了项目完成奖？

李晨：奖励是综合多方面考虑的，也是团队对你们的肯定，为什么会觉得不开心呢？

小孙：这种奖励方式很不公平，我觉得自己被低估了！

小张：如果下次还是这样的评估，我想我也不用这么努力了，跟大家做一样难度的工作不就行了吗？

李晨感到很头痛，为什么奖励反而令团队成员不满呢？

问题分析

俗话说“不患寡而患不均”，这个道理也适用于团队管理。李晨的团队设置了一些激励措施，本意是为了鼓励大家，但获得奖励的成员因为觉得不够公平，反而对结果并不满意。不满意就会打消成员努力工作的积极性，导致出现这种“拿了钱还满腹怨言”的问题。这不是成员不懂感恩，是管理者在激励成员时没有综合考虑多方因素导致的。

管理工具 综合激励模型解读团队激励

要想激励团队成员，我们需要从心理学角度对成员的需求、行为等因素进行了解，综合激励模型就是一个非常经典的模型。它构建一个闭环环境，实现“激励目标—努力—绩效—奖励—满意—努力”的良性循环，让成员更加努力。

激励目标是综合激励模型的大前提，合理的激励目标才能激励成员不断努力；工作的实际绩效不仅仅取决于努力程度，也取决于个人能力、对工作内容的理解深度，其中只有努力程度是短期内可以做出快速提升的；奖励一定要在绩效之后，而且奖励内容一定要跟绩效成绩有一定相关性，不然绩效形同虚设，奖励就无法起到效果；奖励能不能让成员满意，不一定取决于奖励的内容，而是取决于成员是否认为自己得到了公正的回报，如果他们觉得不公平，就会心生不满，只有他们满意，才会进一步努力，形成良性的闭环。

这个模型中，奖励分为两种，分别是由薪资、职位、表彰等组成的外在报酬，和由自我肯定、社会价值感、个人追求等组成的内在报酬。不管是哪一种奖励，都需要通过公正感来调节，如果成员认为奖励机制不公正，哪怕奖励的绝对值并不低，他们也会感到失落，反而会破坏努力的闭环，影响以后的工作。

所以，在带团队时，我们可以基于综合激励模型进行考虑，给成员分配奖励。想要促使团队成员努力，就一定要打通从奖励到满意这一环，只有掌握了团队成员的心理，才能实现有效激励。

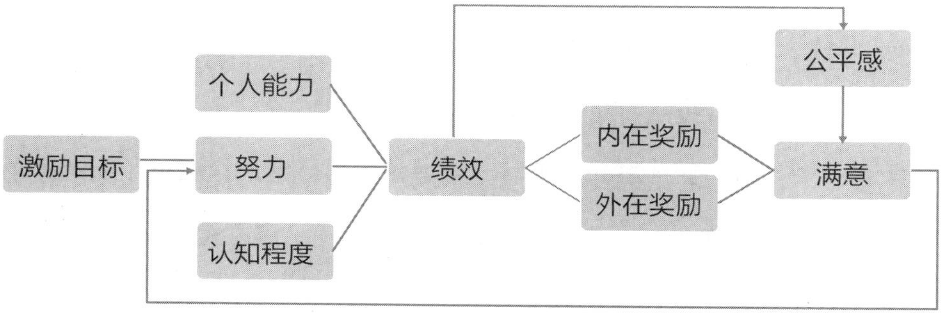

应用解析　设计激励制度时要强调公平感

设计激励制度时，一定要强调公平感，可以分为内部公平、外部公平、个人公平、程序公平4个部分。

1. 内部公平　针对不同职位等级设计激励制度时，要保持相对公平。这种公平不是指人人回报都一样，而是回报要与付出、贡献相匹配。很多公司的激励制度都跟工资挂钩，而工资则跟职位等级挂钩，这样激励的结果跟职位等级有一定的相关性。而职位等级，又是综合了每个团队成员的年资、技术、能力、工作环境、整体贡献等评估，相对全面地评估了一个人的工作价值。这样一来，就能给予成员相对公平的激励。

2. 外部公平　团队的激励制度要考虑市场的整体薪酬和奖励水平以及发展趋势，保障外部公平性，让团队有更强的竞争力。

3. 个人公平　在设置激励制度时，可以将奖金和团队的绩效结合起来，按照一定比例进行奖励，这样能针对有才能的成员实现个人公平。团队绩效或者公司盈利大幅提升时，成员往往也会比较自己的个人奖金跟公司收入之间的关系，如果不能让发展的结果跟成员共享，就可能引起部分关键岗位的成员不满。

4. 程序公平　程序公平比结果公平更容易实现，而程序公平能很大程度上满足成员对公平的追求。比如，如果团队的激励政策制定得非常公平，就算成员所获得的奖励比别人低一点，他们可能也不会太在乎，还会主动思考自己可以怎样提升。

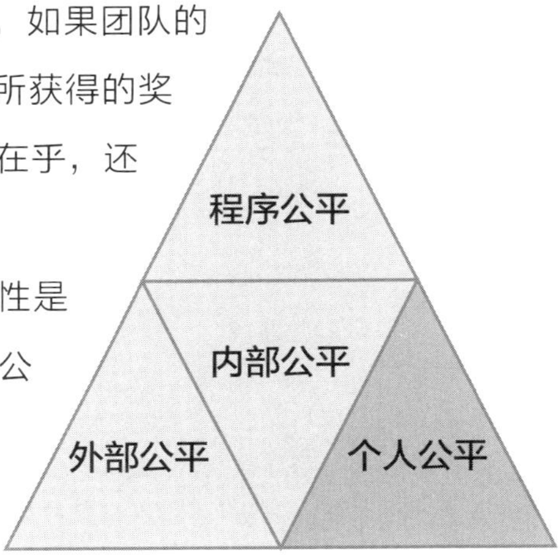

最后，内部、外部和程序的公平性是作为团队管理者需要保证的，而个人公平主要依赖成员自身的看法，很难通过外界衡量，但也会产生积极影响。

奖罚分明，双管齐下

很多时候，单一的奖励可能无法覆盖我们的管理需求。在带团队时，还需要纠正成员的不良行为，这时候，我们就可以引入合理的惩罚。只有公平、透明的奖励和惩罚机制双管齐下，才能更有效地带领团队走向成功。

问题场景　当奖励没有起到效果，应该怎么办？

孙磊是工程部门的负责人之一，在车间视察时，他发现不少工人为了节省时间，违规从操作台侧面穿行，这样很容易导致衣服卷入操作台，造成安全事故。为此，他公开强调了好几次遵守规则的重要性，还提出一些奖励制度，举报一次违规情况奖励50元。但一个月过去了，他发现工人还是在偷偷地从操作台侧面穿行。

孙磊：为什么大家还是不遵守规章制度？也没有人来举报啊？

同事：车间的同事彼此都很熟悉，虽然举报一次能有奖励，但谁也不愿意为了这点钱导致别人被批评，让自己受排挤，自然都瞒着你了。

孙磊：那怎么办，奖励又没有用，可是这样真的很危险，我不能放任他们。

同事：这样能省时间、提高效率，他们一定会偷偷去做。除非你严格管理，安装摄像头，发现就罚款，这样才能减少违规操作。

孙磊：罚款？会不会打击大家的工作积极性啊？

孙磊从来没有通过罚款的方式管理过下属，这可有点难为他了。

问题分析

针对车间安全这种原则性的问题，仅仅凭借奖励来刺激大家自我监督是不够的，还要配合适当的惩罚措施，让大家从“有想法争取奖励”转变为“绝对不想犯错”，才能从根源上杜绝违规操作。

管理工具　善用强化理论引导团队行为

怎样的行为算是正向激励，什么又算是惩罚呢？我们可以借助美国心理学家伯尔赫斯·斯金纳的强化理论来分析，通过设置奖惩方式来引导团队向着我们希望的方向努力。

斯金纳的强化理论中有正强化和负强化、正惩罚和负惩罚概念，可以用来设计有效的管理策略，我们可以通过简单的例子来理解。

1. 正强化　管理者可以通过提供奖励来增加某种行为的发生次数，以达到鼓励的作用。

2. 负强化　管理者可以通过减少一个不愉快的刺激，来增加某种行为的发生次数，起到奖励作用。

3. 正惩罚　通过添加一个不愉快的刺激，减少某种管理者不期望的行为的发生次数。

4. 负惩罚　通过移除一个正面刺激，减少某种行为的发生次数。

通过理解和应用斯金纳的正强化和负强化、正惩罚和负惩罚概念，管理者可以设计出更有效的激励和惩罚策略，帮助团队成员改变行为，提升工作效率和团队合作。

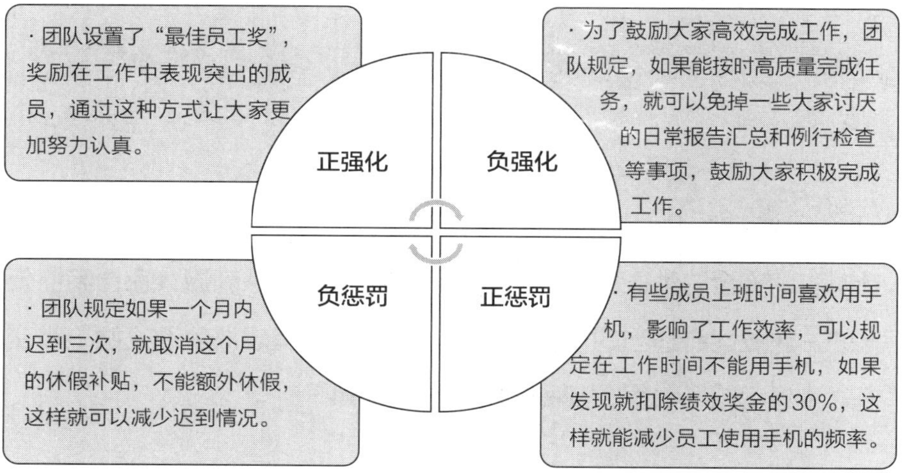

应用解析　如何设置奖惩策略？

很多管理者有奖罚的概念，但不懂如何设置奖惩策略，导致团队的奖惩制度不够科学、缺乏依据，这不仅无法起到正面激励作用，反而会削减管理者的权威，让成员无法信服。比如，有的管理者根据自己的情绪来进行奖惩，高兴了就奖励，不高兴就惩罚，毫无客观依据；还有的管理者吝啬奖励、惩罚严苛，员工履行了本职工作，只是没有超额的贡献，管理者就要进行惩罚，而做出突出贡献时却没有奖励，这都会让团队成员感到不公平。

在实际管理工作中，如何定义奖罚的界限呢？其实原则很简单——以履行岗位职责为基准进行评估。如果履行职责，但也没有什么多余的贡献，评分就是“0”；没有履行职责、在某些地方较为疏忽或不足，就可以评为负分，可以考虑进行惩罚；在履行职责的基础上，成员还做出了额外的工作和一定贡献，就是正分，可以给予奖励。

有时，成员的行为是交叉的。比如，他们可能没有履行职责，但是在其他地方有贡献，这时应该奖励还是惩罚呢？奖惩要有制度，可以分开探讨，因为不同的行为分别进行奖惩，才能实现赏罚分明。

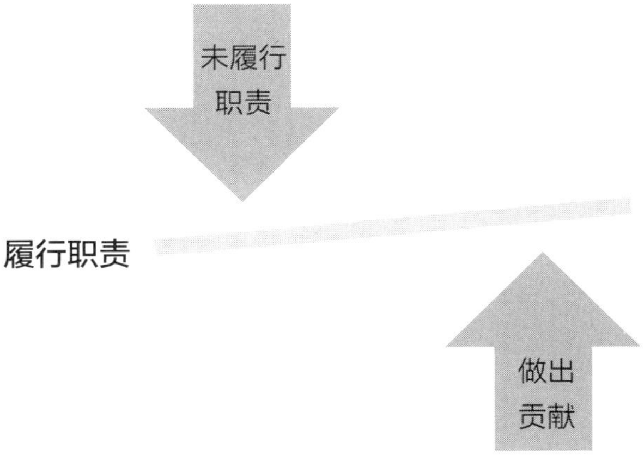

让团队看得见职业前途

一个能长期稳定保持战斗力的团队，不仅要给成员关于当下的激励，也要让成员看得到未来的前景，只有这样成员才愿意踏踏实实跟随团队一起进步。所以，作为好的管理者，不要惧怕跟成员聊未来，应该主动协助大家规划未来的职业发展方向，让团队成员看得见职业前途。

问题场景　为什么我的团队成员总想离开?

顾媛是一家制造公司的基层管理，管理着15个人的设计团队。这是一家强调扁平化管理的公司，从总经理到最基层的管理层级只有4级，想进入管理层往往需要5年以上的努力。顾媛很珍惜自己的职位，一直认真工作，但最近她发现，团队中不少人有离职倾向。

顾媛：能跟我好好聊一下吗，为什么想离职呢？我们团队很需要你们，我非常希望你们能留下。

小李：经理，我已经在公司干了3年，还看不到任何晋升的机会，而我的同学、朋友都已经带团队了。我想去更有发展前景的公司。

老陈：我在公司工作了15年，一直在这个岗位打转。我知道自己不适合做管理，但也可以当个技术专家或者顾问。不瞒你说，有不少公司高薪挖我过去，之前我都没考虑。

小苏：我虽然还没明确将来的发展路线，但是我看到您这么艰难才能升职，老陈干了这么多年也只是基层员工，我感觉职业发展很受限。

顾媛感觉很无奈，大家都是因为升职无望、职业发展受限要离开团队，虽然她有心挽留，但实在拿不出什么吸引人的方案和策略。

问题分析

顾媛所在的公司管理方式较为扁平，虽然好处是优化了管理结构、避免冗杂的管理工作，但坏处是让员工的晋升变得非常困难。与此同时，缺乏管理岗之外的职业发展通道，如从初级技术人员到高级工程师、从初级研究人员到研究员或专家之类的发展路径，让员工谋求其他发展也变得困难。这种问题让成员看不到前景，一部分人工作会懈怠，另一部分人则无法长久地留下，对团队会产生负面影响。

管理工具 规划清晰的职业发展通道

在团队建设初期，管理者就要给成员规划并展示清晰的职业发展通道，只有让成员看到未来，他们才愿意长期留在团队中发展。

正常情况下，职业发展通道可以有5类，可以根据团队的组成和定位进行调整。

1.管理通道 这是我们通常理解的升职模式，即从基层成员到管理岗的发展路线。一般来说，如果团队只有一个单通道，就会保留管理通道，如初创公司等。但一个成熟的团队不能只有管理通道，否则成员的发展方向过窄。

2.技术通道 适合从事技术相关工作的成员，可以从基层技术员发展到高级工程师。走技术通道发展路线，还可以通过参与项目、发表专利等方式，参与职称评级，或在后期转为管理岗。

3.业务通道 适用于从事市场、战略等岗位的人员，可以从基层业务员发展成为业务经理、销售总监等。

4.产品通道 适用于从事产品开发、项目开发的人员，可以从团队成员逐步成长为项目经理、产品专家等，负责组织完成大型项目。

5.研发通道 适用于从事开发、研究工作的人员，可以从基层研究员逐渐发展为专家顾问、高级研究员。一般只有创新性质较强、设置企业研究院或研发团队的公司，才会有研发通道。

职业发展通道在纵向上主要有这5个方向，同时，每个方向再通过严格的标准细分不同级别，成员通过深耕某个发展通道，就可以实现纵向上的升级，有更加丰富的发展机会。

应用解析　横纵结合的多个发展模式

前面我们介绍了职业发展通道的概念，但那只是单一的纵向发展模式，即选择了一种发展通道之后，就在该领域上寻求晋升。但在实际应用时，团队往往需要兼顾横向发展的人才，如高级管理人员必须有足够的专业技术经验，这时候，就必须横纵结合，设置不同结构的发展通道。

1. Y型通道：管理＋其他通道结合

对技术要求较高的团队，可以设计Y型通道，在低职级中只有技术通道，需要积累一定的专业资历之后，才能选择发展方向，其中一项是走管理通道，另一项是走技术通道。这种方式可以提升高职级成员的专业性，适合在某些领域强调技术深耕的小型团队。

2. H型通道：多渠道发展模式

不管是技术、管理还是业务、产品，在独立的发展通道模式下，都可以设计横向通道进行转换，这样给成员创造了更多的晋升和发展机会。在职业生涯的中期，他们可以根据自己的性格、能力、喜好等，调整发展方向，也有利于公司获得跨通道人才，这样资深成员可以更全面地了解业务。但是这种多渠道发展模式需要通过不同职能的轮岗来培养实现，对团队来说成本比较高，适用于培养团队中有潜力的中坚力量。

通过横纵结合的发展模式，可以探索更多员工的职业成长路线。让团队成员看得到发展前景，团队才能有更加长远的发展，这是一种双赢。

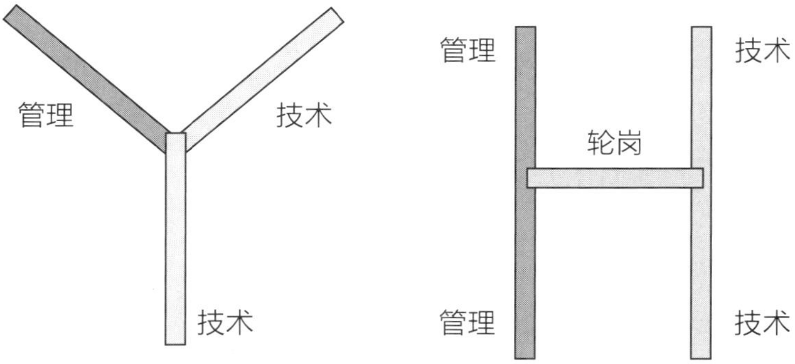

团队进入倦怠期，应该怎么办

作为团队的管理者和领头人，我们需要时刻关注成员的心理状态，因为这会直接影响工作结果。如果近期团队成员普遍工作效率比较低，经常请假、迟到，可能就是进入了倦怠期。当团队成员长期高强度工作或缺乏工作动力，就会出现疲劳感，如果不及时处理，会影响团队的整体绩效和大家的职业满意度。为了有效应对团队倦怠期，管理者需要采取一系列措施来重新激发团队成员工作的积极性。

问题场景　为什么大家的创新动力越来越不足？

在一家科技公司中，项目经理王明负责的开发团队在连续几个月的高强度工作后，团队成员普遍表现得缺乏工作动力。他意识到，如果不及时采取措施，项目的进度和质量将受到严重影响。

王明：我感觉大家最近的工作状态不是非常好，是遇到什么困难了吗？我可以提供力所能及的帮助。

小李：王经理，最近工作强度过高，大家觉得身心疲惫，工作效率就下降了。

小张：是啊，而且我负责的是测试工作，感觉每天都是重复同样的内容，脑子已经僵化了。

小王：我也有同样的感觉，最近工作时间太长、压力比较大，开发脚本的想法都变少了。

王明：我明白大家的感受，最近工作任务强度确实是比较大，但是为了能做好这个项目，我们还是要尽量调整自己的状态。

虽然大家努力了几天，但还是无法缓解自身的疲劳感，很快又故态复萌了。

问题分析

由于长期处于繁重的工作状态，王明的团队进入了倦怠期，成员工作动力不足。首先，这是因为长期高强度工作导致的身心疲惫。其次，部分成员工作内容缺乏多样性和挑战性，所以觉得单调乏味、缺乏成就感和动力。最后，沟通不到位也会产生这种问题。如果王明能及时与团队成员保持良好的沟通，而不是等到整个团队都已经普遍陷入倦怠期时才发现，就能及时发现问题、解决问题。

管理工具　通过工作再设计调整状态

在实施工作再设计时，不管步骤、方式和重点如何改变，一些关键的细节一定不能忽略，这决定了工作再设计能否达到我们期待的效果。

首先是工资待遇。工作再设计主要是从团队角度出发进行规划，但成员的需求也不能忽视。其中，工资待遇就是非常重要的要素，工作再设计一定会让成员接触更复杂、陌生或有挑战性的工作内容，相应的，成员对回报的期望也会更高，这种回报除了个人能力的提升，最直观的体现就是工资待遇的上涨。所以，平衡每个岗位的职责与相应的待遇很重要，让团队成员满意，才能达成积极效果。

其次是成员的个人规划。工作再设计难免会促使成员走出舒适区，去学习和适应，并实现个人成长。这从团队和个人的职业发展角度看是积极的，但每个成员都有自己的个人规划和精神需求，有人希望实现职业发展，有人可能更希望得到工作与生活的平衡，在安排时一定要考虑到不同的个人规划，这决定了成员的工作结果。

考虑到以上两个要点，就可以更好地发挥工作再设计的作用。

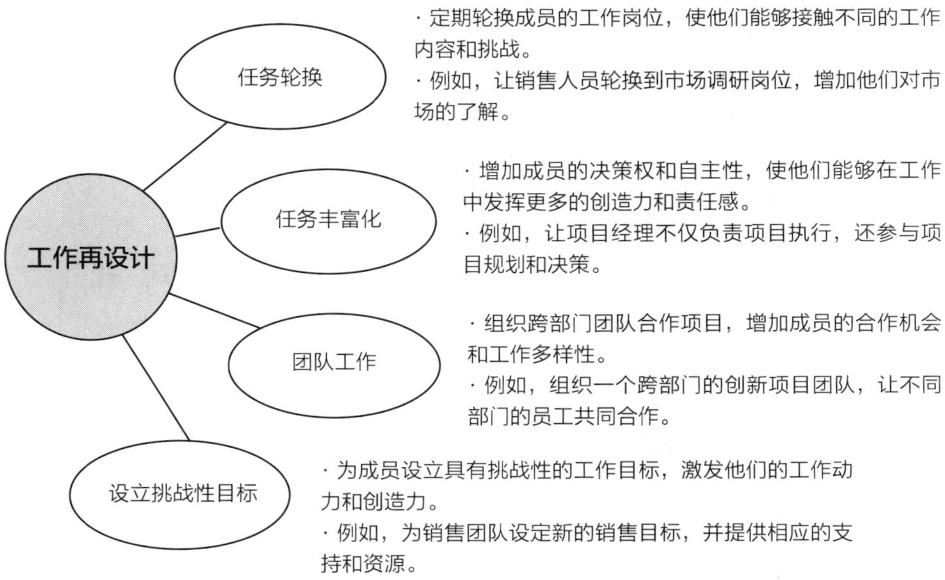

应用解析　劳逸结合调整团队工作节奏

团队工作不是急行军，任何时候都应该保持一个比较舒适的节奏，这样才能长期坚持高效工作。想要快速出成果，或许可以在短期内通过爆发式的高强度工作完成一些内容，但绝不可能长期如此。

在团队进入倦怠期时，我们可以通过劳逸结合的策略调整节奏。

1.评估状态　判断团队成员形成倦怠感的原因。有的是由于高强度、高压力导致的疲惫，有的是因项目问题长期无法解决而缺乏动力，还有的是因为工作内容枯燥导致没有新鲜感。只有对症下药，才能解决问题。

2.调整工作任务分配　避免任何工作岗位有单一枯燥的任务安排，用工作再设计的方法调整任务分配，增加工作的多样性。

3.提供休息机会　很多团队管理者都不喜欢成员请假，其实，项目进行过程中可以安排成员轮流休假，必要的放松有助于恢复状态，创造性工作尤其如此。如果担心耽误工作，可以让同岗位成员交替休息，不要扎堆休假，以免耽误项目的进展。

4.增加工作参与感　如果缺乏想法，也可以让成员来提建议，既能增加他们的参与感，也能给成员提供更加适合他们的帮助。当然，所采纳的建议要结合项目和团队的整体需求。

科学放松能够激发成员的工作热情，长期紧张的工作节奏很容易让人感觉疲惫，反而不利于团队的长期成长。

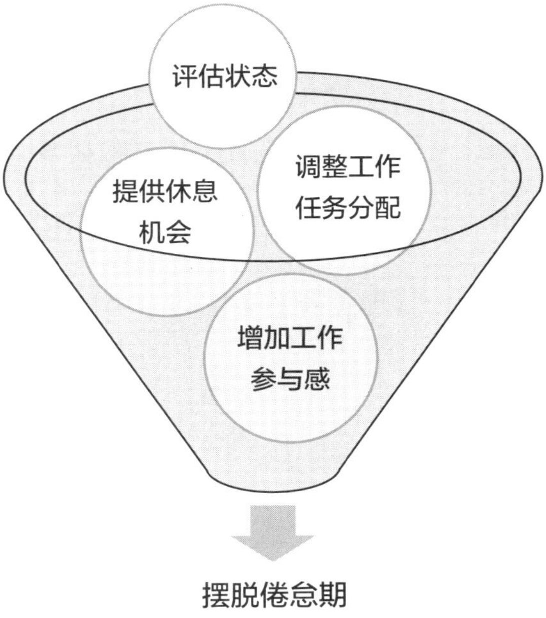

保持工作和生活的平衡

随着工作节奏的加快，我们在工作和生活之间越来越难找到平衡，可是过度的压力不仅会影响团队成员的身心健康，也会降低其工作效率。如何在不影响工作效率和任务完成的情况下帮助成员保持生活和工作上的平衡，成为管理者需要考虑的一个重要问题。

问题场景　为什么长期加班会有人离职？

李明是一家科技公司的小主管，目前正在带领一个 10 人团队进行某重要项目的攻关。为了能按时完成任务，李明对团队成员的工作效率和工作时长要求非常高。

李明：我看到你最近的到岗工时比之前大大下降了，这是怎么回事？以前你可是咱们团队当中最积极的年轻人，工时都是前三名的。

小张：组长，我家里最近出了点事需要我处理，所以晚上不能太晚回去。

李明：谁家里没有事儿，大家都想早回家，可是项目做不完就没法跟公司交代，大家心里都要有这份责任感。你不能因为个人的问题，耽误整个项目的进度。

小张听了之后有些为难，皱着眉想解释，李明挥挥手打断了他的话。

李明：行了，不用解释了。你明天和后天都要请假，这会耽误项目的进度，等过段时间项目完成了再说吧！

李明以为劝阻了小张就没事了，没想到过了几天，他突然坚定地提交了离职申请，还对周围人抱怨公司没有人情味。

问题分析

在李明的项目组工作，成员很难保持生活和工作的平衡。首先，工作任务繁重，遇到重要项目时，成员需要频繁加班，压榨自己的休息时间；其次，李明对成员请假抱有负面态度，导致成员无法灵活安排自己的时间；最后，团队也缺乏对成员身心健康的关注和支持。在这种情况下，难免会有成员觉得从事这份工作完全牺牲了个人时间，最终做出离职的决定。

管理工具 因地制宜引进弹性工作制

为了帮助成员在生活和工作之间找到平衡，管理者可以引入弹性工作制，根据工作性质，成员在一定程度上可以灵活安排工作和生活，这样不仅可以帮助成员实现工作和生活的平衡，也能增加他们的工作满意度和积极性，进一步提升工作效率。弹性工作制一般可以从以下4个方面进行设计。

1.弹性工作时间 在保证到岗工时的前提下，允许成员在一定范围内自由选择开始和结束工作的时间。比如，一些成员的住所离公司比较远，早上可以延迟1～2小时到岗，晚上推迟1～2小时离岗，和他人保持基本一致的到岗工时。

2.远程办公 部分工作由于岗位性质原因，可以允许成员在家里或其他地方办公，不必一直在公司办公室。比如，可以通过挂载VPN访问公司的页面，或者采用视频工具与同事开会。

3.压缩工作日 如果团队成员想请假，但是他的工作负担比较重，很难匀出时间休假，管理者可以通过压缩工作日的方式批假。比如，小张想在周五请假，可以建议他选择周一到周四每天工作10个小时，周五就可以休假。

4.兼职工作 对并非长期存在的岗位需求，也可以设置一些兼职岗，只在有需求的时候给这些兼职员工分派工作。

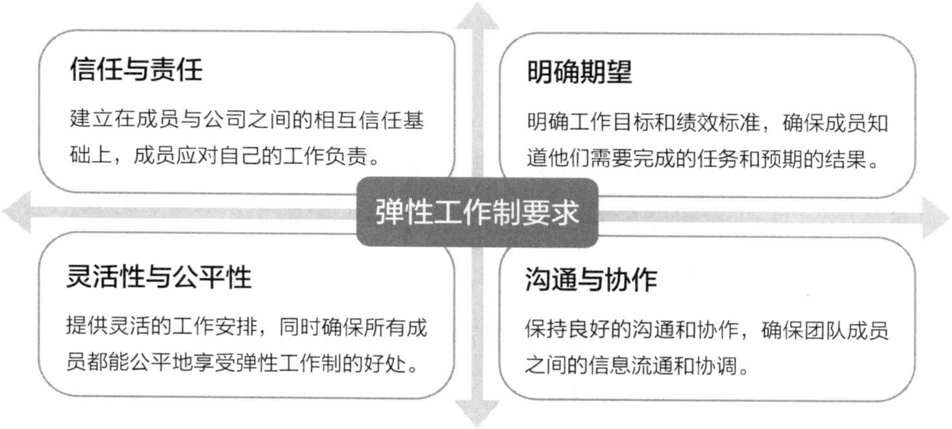

应用解析　如何避免弹性工作制导致的效率降低？

虽然弹性工作制可以给成员提供必要的方便，但很多团队都不愿意推行这种工作模式。因为给予员工自由选择权，可能会造成一些负面影响，如员工在居家办公时效率低下、弹性打卡导致工作作风散漫等问题。这时候，需要通过一些方式予以监督，才能让大家意识到弹性工作并非无节制的自由。

1.成果导向　要保持灵活的工作规则，就要更强调成果，建立成果导向型团队，将工作结果与绩效挂钩。

2.持续沟通和反馈　通过定期的沟通和反馈，管理者可以了解成员们的工作进展和遇到的问题，及时提供支持和指导。如果发现成员存在偷懒或欺骗行为，管理者要及时与他们面谈，了解原因并提出改进建议。

3.建立信任文化　建立信任文化，减少对成员的监控，鼓励成员自我调节，可以提高成员的自我管理能力。

4.制定惩罚措施　制定明确的惩罚措施，对严重违反工作要求的成员，给予警告、罚款、降职或开除等惩戒措施。

有了多重保障，才能让好的制度应用于团队，给成员带来福利而不是不良影响。

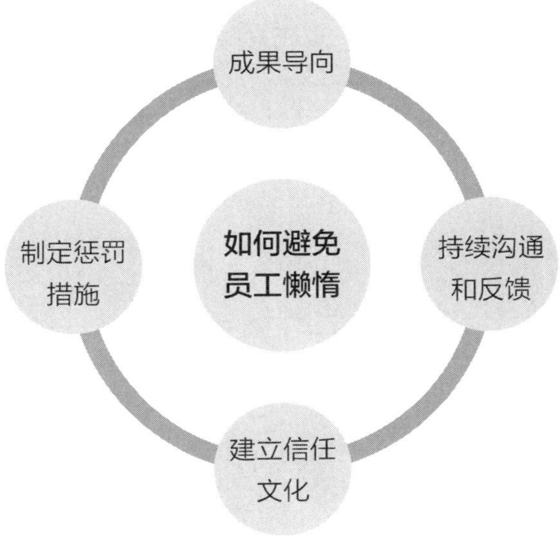

时刻保持创新力

偶尔创新容易，但长期保持创新状态很难，创新的方向与团队需求保持一致则更难。带团队时，如果我们的工作需要长期面向用户输出创新产品，必须找对思维路径、做好成员激励，才能让团队成员源源不断地提出好创意。

问题场景 为什么我们的想法和市场需求不相符?

项目经理卢菲最近正在带领团队面向业内用户开发一个软件平台，团队忙碌了3个月，提出了许多创新点。可是软件上线了，反响却不如想象中那么热烈。

卢菲：最近我们的新平台发布后，市场反响不如预期。你们对此有什么看法？

小陈：我们在开发过程中更多地关注了技术上的创新，没有充分考虑用户的实际需求。

小李：客户反映虽然我们的许多功能极具创意，但这些功能并不是他们真正需要的。

小刘：产品上线之前，我们没有做用户需求调研，因此我们不清楚用户的需求点，这是问题的源头。

卢菲：看来我们需要重新审视平台的创新方向，毕竟我们的产品是为客户服务，解决客户需求才是产品迭代的重点呀！

卢菲的团队意识到了问题，准备在后期平台更新时，再根据客户需求进行改动。

问题分析

通过这次会议，卢菲发现团队创新方向和市场需求不符，导致产品市场反馈不如预期。团队缺乏用户需求调研，在开发过程中没有充分了解和分析用户的实际需求；创新与市场脱节，团队的创新更多地关注技术上的突破，而忽视了市场和用户的实际需求。在开发过程中没有进行充分的市场验证，导致产品发布后市场反响不佳。

管理工具 用设计思维洞察客户的需求

设计思维其实就是以客户为中心，站在客户的角度发现问题，用自己的产品设计去解决问题的一种开发思维。带团队时，我们仅凭借团队的人数优势，很难发现所有的问题，尤其是一些尚未暴露、未被定义和察觉的问题。

设计思维有5个不同的阶段，这5个阶段一般是线性的，但也会有一些复杂的关联性。

1. 共情客户 理解用户的需求和问题，通过观察、采访和调研等方式，深入了解用户的痛点和期望。

2. 确定问题 根据收集到的信息，明确问题的定义，找到需要解决的核心问题。

3. 提出创意 通过“头脑风暴”等方法，提出大量的创意和解决方案。不拘泥于现有的思维模式，团队成员可以站在用户角度思考怎么去解决之前发现的核心问题，而不是从设计开发者的角度去思考。

4. 样品设计 将创意转化为产品，通过简单的模型或样品，展示当前问题的解决方案。

5. 测试 对样品进行测试，可以先在小范围内进行用户试用，征求他们的反馈意见，然后再进行迭代和创新，从而得到当前的最佳方案。

这种思维方式改变了工作的视角，团队可以真正面向客户思考和服务，设计的功能往往更具有实用价值，是真正可以解决问题的创新。

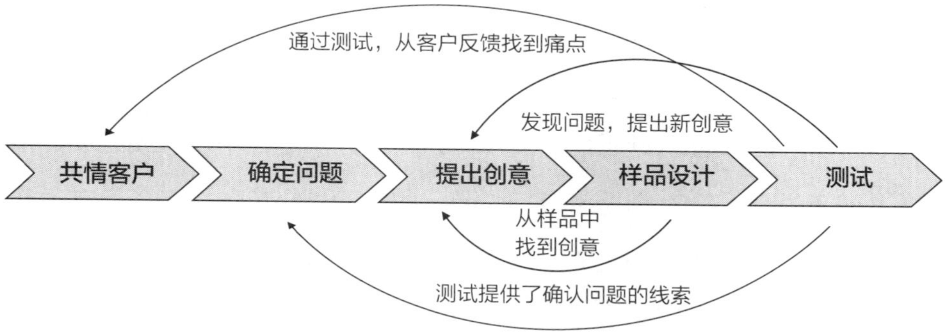

应用解析　使用创新激励让成员乐于创新

团队想长期保持创新力，就一定要建立以创新为导向的激励模式。简单来说，就是通过奖励刺激团队主动创新，只要能提出有用的创新想法，就能得到丰厚回报。管理者可以从下面几个步骤入手，进行实操应用。

1. 打造创新文化　在日常的团队工作中，管理者应鼓励成员多提出自己的新想法，接受创新过程中的失败，这样才能让大家勇于创新。

2. 设立创新奖励　当成员提出了创新的方案且被采纳时，管理者应该及时给予一定的奖励，如升职加薪、发放奖金等。

3. 提供创新资源　创新往往需要一些额外的资源，团队应予以支持。

4. 安排“头脑风暴”时间　可以设置固定激发创新的时间，如每周一个小时的“头脑风暴”，鼓励大家经常去思考创意、碰撞想法。

5. 组织创新团队　在团队建设上，可以组建跨职能的创新团队，不同的专业和背景的团队成员能够提供多视角的思考。

通过这些激励措施，我们可以让创新成为团队的核心竞争力。

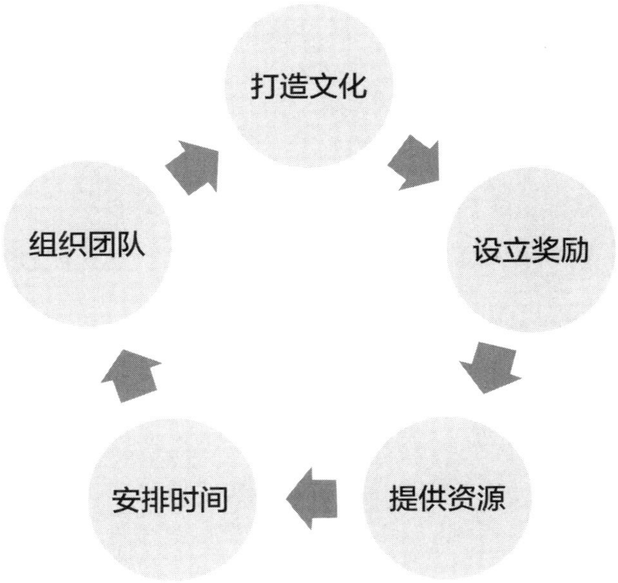

庆祝成功要有仪式感

带团队时，庆祝阶段性的成功不仅仅是对团队努力的认可，更是激发团队士气和增强团队凝聚力的重要方式。具有仪式感的庆祝活动能够让团队成员共同感受成功的喜悦与成就感，从而激励他们在未来的项目中继续保持高昂的斗志和积极的态度。然而，很多管理者往往忽视了这一点，导致团队在成功之后反而产生了负面情绪。

问题场景　团队项目结束后，应该大张旗鼓地庆祝吗？

张涛是一家研发企业的项目组带头人，他带领团队成功完成了一个重要的技术攻坚项目。这个项目历时半年，团队成员们付出了大量的努力和心血，最终按时按质地交付了产品。交付后，大家都感到很激动。

小牧：涛哥，我们是不是应该出去庆祝一下项目顺利完成？毕竟我们付出了很多努力和心血。

小王：是啊，我们付出了这么多努力，得有个什么庆祝仪式吧？不知道公司会不会举行一个庆祝仪式？

小陈：没有仪式也没事，公司批一点经费让咱们出去吃顿饭也行啊！

张涛：我知道大家都很辛苦，不过今年公司效益不太好，我们这样花经费庆祝，其他同事知道了可能会不高兴。而且我们还有下一个项目要准备，庆祝的事情就暂时放一放吧！

张涛的话就像给大家泼了一盆冷水，场面顿时有点尴尬，大家觉得项目成功也没有那么令人兴奋了。

问题分析

张涛的问题在于，当团队获得了成功之后，他应该借助这个机会让成员体会到成功的喜悦感和成就感，这样才能让成员在接下来的项目工作中有所期待，更有动力工作。但实际上，他忽略了大家的情感需求。项目结束后，他没有组织任何形式的庆祝活动，导致团队成员的努力没有得到应有的认可，也没有通过具有仪式感的活动来增强团队的凝聚力和士气。

管理工具　隐形的“心理契约”给予成员认可

在项目成功之后，很多成员都会下意识地期待一些庆祝或者奖励活动，这就是一种团队中的隐形的“心理契约”。心理契约的概念起源于20世纪60年代，它是一种没有书面的契约，是团队和成员对彼此的责任期望。比如，团队可能从来没有承诺过会给成员项目奖励，但是完成项目的过程中，成员会在心理上期待团队给予奖励，从而更加努力工作；团队也默认会给成员奖励，所以更期待成员的工作付出。

以下5个步骤，可以帮助我们将隐形的“心理契约”显化，让成员感受到团队的责任感。

1. 明确期望　在项目开始时，管理者内心一定要明确团队成员对项目成功后的期望，包括庆祝活动、奖励政策和认可方式。我们可以将这种期望在明面上提出来，将“心理契约”转化为真正的口头承诺，让期望更加明确，也让成员工作时内心更踏实。

2. 及时反馈　在项目进行过程中，一旦有进展就及时给予团队成员反馈，认可他们的努力和贡献。

3. 兑现承诺　项目成功后，兑现对团队成员的承诺，组织具有仪式感的庆祝活动或者给予合适的奖励。

4. 持续关注　即使项目已经结束了，也应该持续关注团队成员的情感需求和心理状态，确保他们能在项目成功后得到正面反馈。

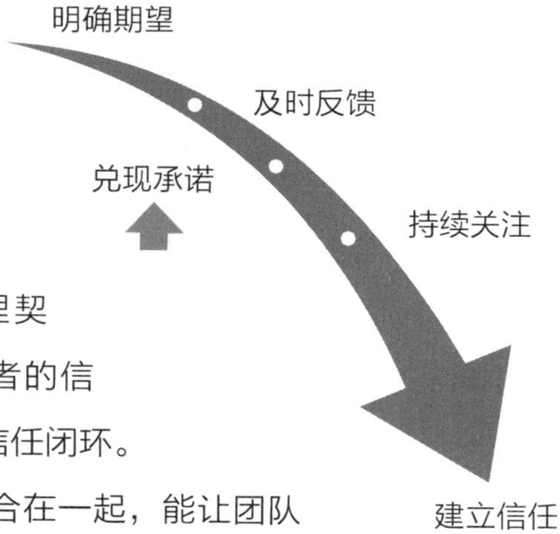

5. 建立信任　通过兑现“心理契约”，建立和增强团队成员对管理者的信任，提升团队凝聚力和士气，形成信任闭环。

将庆祝活动和“心理契约”结合在一起，能让团队成员更清晰地感受到成功的喜悦，激发他们的积极性。

应用解析　项目庆祝仪式应该怎么组织？

当项目成功的时候，一个好的庆祝仪式可以让大家共享成功的喜悦，但如果仪式筹备时没有考虑到成员的想法，只是管理者单方面决定，也可能会让大家觉得是形式主义和强制活动，反而容易造成负面影响。所以，组织活动时我们需要注意一些关键点。

1. 提前沟通　在组织庆祝活动之前，可以通过问卷调查等形式，征求团队成员对庆祝形式、时间地点等的意见，也可 以组织会议让大家畅所欲言。

2. 选择合适的时间和地点　活动最好选择在大多数人都方便的时间，增加成员的参与率；最好选择距离公司近、交通便利且舒适的场地。

3. 设计多样化活动　设计一些轻松的互动游戏或活动，让大家在轻松愉快的氛围中增强团队凝聚力，如团队小游戏、趣味竞赛等。提供多种活动选项，让团队成员自由选择参与自己感兴趣的活动。

4. 提供美食饮品　提供多样化的美食和饮品，满足不同口味和饮食习惯的需求。推荐采用自助餐形式，让大家自由选择喜爱的食物，增加活动的灵活性和舒适度。

5. 设计纪念礼物　可以设计跟项目成功有关的纪念礼品，让大家留念。通过礼物长期留存庆祝活动的愉快记忆，这种成就感可以长期存在，激励成员努力工作。

6. 鼓励成员策划　鼓励团队成员参与活动的策划和组织，增强成员的参与感，让他们乐于参与，真正享受整个活动的过程。

通过以上方法，我们可以让庆祝活动更轻松、舒适，起到应有的激励作用。

舍得分蛋糕，才有更多成果

团队成功做出了项目，我们一定要跟所有成员共享成果，这可以增强成员的积极性并创造出更多价值。因为，团队成员也会下意识地将自己得到的回报与项目回报进行对比。管理者不舍得分蛋糕是很难将蛋糕做大的。

问题场景 为什么发了奖金，大家还是不满意？

廖宇是一家广告公司的产品总监，他带领团队成功完成了一个重要的广告策划项目。该项目不仅赢得了客户的高度评价，还为公司带来了可观的经济效益。项目结束后，不少成员都从一些渠道得知了公司的收益，所以他们对项目奖金产生了质疑。

小张：我听说公司已经制定好了这次项目的奖金分配方案，我们这些一线员工的奖金为什么这么少？

小刘：我们加班加点地努力完成项目，最后公司获得大部分收益，总监再拿了剩下的大部分奖金，分到我们手里的所剩无几。

小张：如果公司效益不好那就另当别论，明明给公司赚了这么多钱，却不舍得分我们一点，实在是太令人失望了。

小刘：我感觉自己白忙活了这么久，我的付出没有得到相应的回报，我准备另谋出路。

像小张和小刘这样想的人还有很多，没过多久，廖宇手下就走了一大批人。

问题分析

公司和管理者虽然在这一个项目中拿到了更多收益，但长期的人才流失、工作消极，是不利于一个团队或公司长期产出的。奖金分配的标准和流程不透明，团队成员不清楚自己的努力如何转化为回报，无法感受到和自己的付出相匹配的回报，因此都觉得不公平。廖宇也没有关注团队成员的心理状态，最终导致大家感到失落和不满。

管理工具　公平理论告诉我们分蛋糕的重要性

在带团队时，一个好的管理者为什么要懂得分蛋糕？我们可以用一个简单的心理学理论——公平理论来解释这个问题。公平理论的核心就是，团队成员会根据自己与他人的投入和回报的比例来判断分配是否公平，从而决定他们接下来的工作态度和行为。

公平理论的关键要素有三个，分别是投入、回报和比较。其中，投入是指成员在工作中投入的时间、精力、技能和努力；回报是成员从工作中获得的薪酬、奖金、晋升机会、认可和成就感。这样，每个人的工作都可以用投入回报的比值来衡量，成员会将自己的比值与其他人进行比较，一旦自己的比值大于他人，就会觉得不够公平。

在项目完成时，团队成员直接参与了项目，自然会认为自己的投入相对较多。如果管理者不舍得分蛋糕，成员不仅会与平级进行比较，也会将自己与其他管理层、公司等进行比较。即使大家都能接受公司和管理层分配的比例更大，一旦比例超过了限度，也会影响成员的公平感。

这就需要我们制定明确的奖金分配标准和流程，让团队成员在一开始就清楚分配的依据和原则；在项目结束后，公开奖金分配的结果和理由，确保每个人都清楚自己的奖金是如何计算的。同时，我们在分配项目收益时，应充分考虑每个团队成员的实际贡献和付出，确保分配的公平性。最后，也是最核心的一点，我们要懂得将团队的发展结果跟成员共享，让大家也享受到成功的回报。

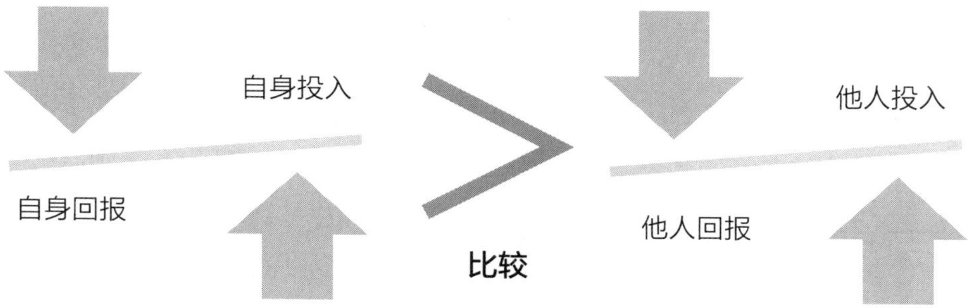

应用解析　按照比例分配项目收益

按比例分配项目收益是一种公平且透明的分配方式，我们可以确保团队成员根据他们的贡献得到项目成功的回报，也能让成员的回报与项目整体的收益挂钩，大家都会觉得满意。

1. 确认分配比例　确定项目成功后的总奖金或其他可分配的资源。这可以是一个固定金额的奖金池，如总金额20万元；也可以是一个跟项目收入挂钩的奖金池，如项目收益的20%。同时，也可以配合其他形式的奖励，如额外的休假时间、晋升机会等。

2. 定义分配的指标　为了公平分配收益，需要定义明确的贡献指标。这些指标最好能覆盖所有成员的工作内容和努力，如工作时间、工作质量、工作难度、合作情况等。

3. 量化每个成员的贡献　为每个贡献指标分配一个权重，以量化每个团队成员的贡献。权重可以根据项目的具体需求和目标进行调整。比如，工作时间占比20%，工作质量占比40%，工作难度占比30%等。

4. 收集数据　在项目进行过程中，要收集每个团队成员在各个指标上的数据，这可以通过工作日报、绩效考核、客户反馈等方式进行。

5. 计算贡献比例　根据收集的数据和定义的权重，为每个团队成员计算一个综合贡献得分，以此确定团队成员在总奖金池中的分配比例。

通过以上步骤，我们可以设置一个按比例分配项目收益的方案，确保团队成员根据贡献享受到项目成功的回报。这样不仅可以提高团队成员的满意度和忠诚度，还可以激发他们在未来项目中的积极性和创造力。

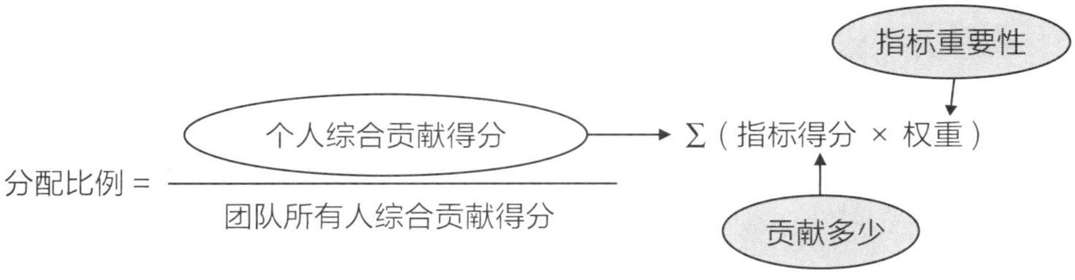

第六章

加强适应力，拥抱变化

持续学习，为团队注入活力

在当今快速变化的商业环境中，持续学习是团队保持竞争力和创新力的关键。一个不断学习和成长的团队不仅能够适应时代的变化，还能为公司注入新的活力和动力。

问题场景　为什么团队总是缺乏学习的热情？

李云是一家大公司的技术主管，所在团队的成员整体年龄较大、经验丰富，大家比较抗拒学习新东西，导致团队的创新能力不如其他项目组。

李云：最近我们的项目进展不错，但是我前几天参加了行业会议，发现最近涌现了一些新技术路线，我们团队缺乏技术创新，这会影响以后的发展。

老李：现在的新技术路线太不成熟了，以后不一定能发展成为行业普遍应用的技术。我认为不应急于学习和开发新技术路线。

小刘：我倒是也了解了一些新技术方案，但是最近工作比较忙，实在没有空去学习。

老王：我的技术储备方向跟现在的新技术相差甚远，缺乏明确的计划和方向，于是放弃了。

大家各有自己的理由，感觉一时半会的确没有人能掌握这套新技术了。

问题分析

李云的团队在面临新技术、新想法的时候，表现相对保守，缺乏创新力。有的成员习惯了自己的舒适区，学习动力不足，对未来的风险认知不到位，只着眼当下；有的成员在繁忙的工作中，难以抽出时间学习；还有的成员不知道自己该学什么，缺乏明确的计划和方向。在这种情况下，团队很容易跟新技术脱节，导致后期跟不上行业发展。

管理工具 “70—20—10”学习法则帮助团队持续学习

团队想要长期适应变化的竞争市场，就一定要有持续学习的心态，管理者一定要先让这种想法成为团队成员们的共识，才能更好地带领团队持续发展。成员持续学习能提升他们的团队能力，让他们始终跟上就业市场的要求，有利于职业发展。

我们要推动成员持续学习，可以采用“70—20—10”学习法则，通过全方位的学习途径和合理的精力分配，让整个团队可以在职场环境下实现不断进阶。

1. 经验学习占70% 可以在实际工作中，逐步安排一些跟新技术相关的内容，让成员在处理工作时掌握经验、提升技能。参与项目、解决实际发生的问题、分配新的工作职责等，都是经验学习的一部分。

2. 社交学习占20% 通过加强团队内部的互动和交流，让大家从他人那里学习。比如，设置相关主题的知识分享会，让成员之间进行新技术的知识分享，或者进行团队合作等。

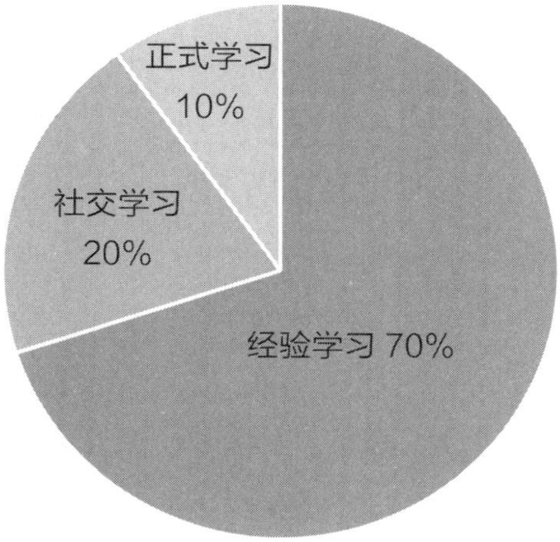

3. 正式学习10% 安排结构化的课程或者培训。比如，安排培训讲座、在线上课或者给团队购买相关专业书籍等，都是通常意义上的正式学习。

以这样的比例分配学习内容，就能让团队既不耽误正常工作，又能持续学习，持续扩展认知，让团队始终能跟上行业发展。

应用解析　如何激发成员不断进步？

很多团队都会面临这样的问题——团队成立时间久了，比较稳定，逐步进入了团队发展的“平静期”，虽然成员不容易犯错，但也丧失了奋斗的动力。这时，如果不引入一些外界刺激，我们很难让成员迈出自己的舒适圈，主动学习和进步。

想让团队成员不断进步，打破一潭死水的局面，管理者需要适当引导。这种引导应该是积极善意的，因为成员已经完成了自己的工作职责，持续学习属于进阶要求，我们可以通过精神和物质上的认可来进行引导，但不能通过制定规则强制执行。

在实际操作时，可以先进行肯定，鼓励成员的工作成果，并表达期许，这能在心理上给成员增加满足感，让他们愿意学习。然后，给予成员资源和态度上的支持，打破他们的顾虑。一些成员不愿意学习，往往是担心管理者不支持这种行为，我们可以明确表达自己的态度，并给出一定的资源支持，如买专业书、提供培训机会、鼓励参加研讨会等。当成员在态度上愿意学习，就可以设置学习目标，并按照“70—20—10”法则来制订学习计划，让成员科学、高效地学习。最后，学习目标的完成情况要体现在激励机制上，对完成了学习要求的成员，可以予以奖励。这样的态度和措施，一定能激发团队成员的学习热情。

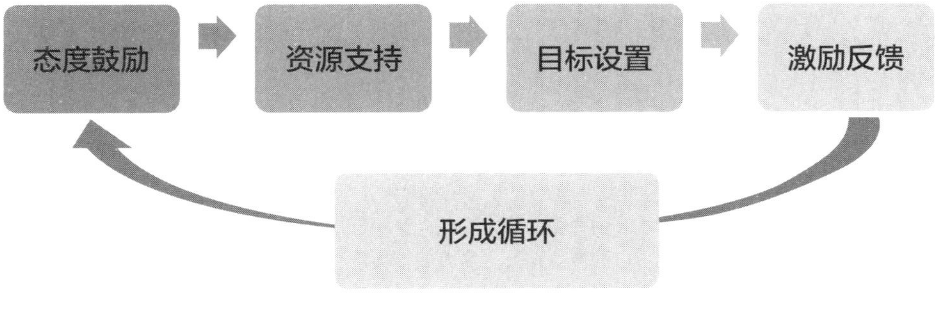

AI来临，怎样包容新技术

随着人工智能（Artificial Intelligence，简称AI）的不断发展，各个行业都在探索如何利用AI工具提升日常工作的效率。作为团队的掌舵人，我们要拥抱和适应新技术，更要采取适合的策略，才能帮助团队走得更远。

问题场景　用了AI工具，为什么大家觉得更麻烦了？

刘雪宁是一家小型建筑公司的副总，在AI热潮来临的当下，她积极拥抱新技术，带头推广AI会议纪要。以前会议纪要都是大家手写，现在用上了工具，AI可以自动识别声音并记录成文字，还能提取关键词生成会议主题和总结，看起来特别方便。可用了一段时间后，大家纷纷表示更麻烦了。

小陈：很多会议讨论的内容不多，其实手动写会议纪要的话，核心就几个点，大家看起来也很方便。可是AI写的会议纪要太长了，还要花更多时间去理解。

老王：别提了，这东西操作起来还挺复杂，我年纪大了，不会操作它。每次开会，我都要麻烦年轻人帮助设置。

小林：有时候，它对语言的理解不是很精准，我们还要花费不少时间改会议纪要。可副总还觉得会议记录都是AI做的，我们没费什么工夫，真是吃力不讨好。

刘雪宁听到了大家的反馈后，也很疑惑，不是说AI工具可以辅助工作、提高工作效率吗？为什么大家还觉得AI加重了工作负担呢？

问题分析

在刘雪宁的公司里，团队将AI工具和实际工作需求本末倒置了。任何工具都要服务于需求，而不是创造一个需求就为了用上这个工具。使用AI工具做会议纪要，虽然在功能上省时省力，但在实际操作中，由于学习成本高、准备工序烦琐等原因，可能并不受大家欢迎。AI时代来临，我们更应该了解团队需求，根据实际情况选择性地推广新技术。

管理工具　适应AI工具，要做好成本和效益的分析

先进的技术代表生产力的发展方向，每个团队都需要去适应、学习新技术。但这种学习也要循序渐进，在实际应用中，我们还要考虑到团队运作的成本和效益。比如，一个不到10人的小团队，是否有必要专门开发一个完善的人力资源线上管理系统呢？这不但增加了公司的运营成本，还不能提高工作效率。所以，团队决策可以通过成本—效益分析法，来衡量团队是否需要应用某个AI技术。成本—效益分析法一般分三部分。

1. 识别成本和效益　成本不仅仅是直接成本，如购买相关服务或软件的费用，也包括间接成本和机会成本。培训成员使用AI工具，花费的时间就是间接成本；大家使用AI工具时花费了更多的时间和精力，导致其他工作被推迟，这就是机会成本。同样，效益除了直接效益以外，也有间接效益和长期效益。比如，员工使用AI工具提高了效率、减少了工作错误是直接效益；技能得到提升、客户更满意是间接效益；增强了市场竞争力是长期效益。

2. 量化成本和效益　将不能量化的成本和效益，根据对生产力、对变现能力的影响来进行量化，这样才能进行计算和对比。

3. 计算成本和效益　用量化后的总效益减去总成本，如果是正值，团队就适合推行这种工具，如果是负值，就要放弃或者重新进行评估。

通过成本—效益分析法，我们可以找到最适合团队的AI工具，真正让科技服务于团队，而不是增加工作负担。

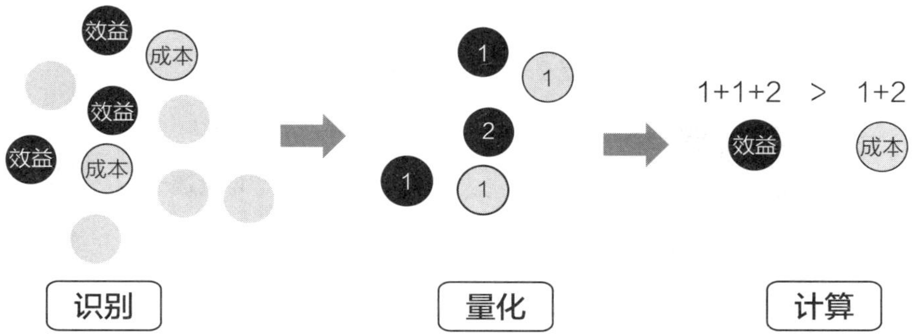

应用解析　利用AI可以辅助团队做哪些工作?

虽然不同团队的行业、领域、定位不同，但如果我们能找到合适的切入点，将AI工具融入工作中，提高工作效率，就有利于团队的整体发展。怎样分辨哪些工作更适合借助AI工具来辅助，帮助团队提升效率呢？可以从下面几个角度去考虑。

1. 重复性工作　一些需要反复进行的操作，可以考虑训练AI进行辅助，如数据录入、文档审核等。AI的自动化流程不仅可以节约时间，还能减少人为错误，对效率的提升有很大的帮助。

2. 数据型工作　如数据分析、市场研究、财务报表分析等，正是AI工具最擅长的领域，AI能快速处理和分析海量的数据，提取出有用的内容。

3. 趋势识别　AI可以从现有的大量数据中提取信息，也能根据趋势进行识别，提供未来的预测方案。所以，像供应链管理、金融市场预测、医疗诊断等领域都有利用AI工具辅助的趋势。

4. 语言交互处理　AI工具可以比较成熟、迅速地进行文本分析、语音识别和翻译，比较适合不方便手动记录或信息量较大的会议、演讲等场合，在工作中需要用到语音和文字交互的地方也可以考虑使用这种工具。

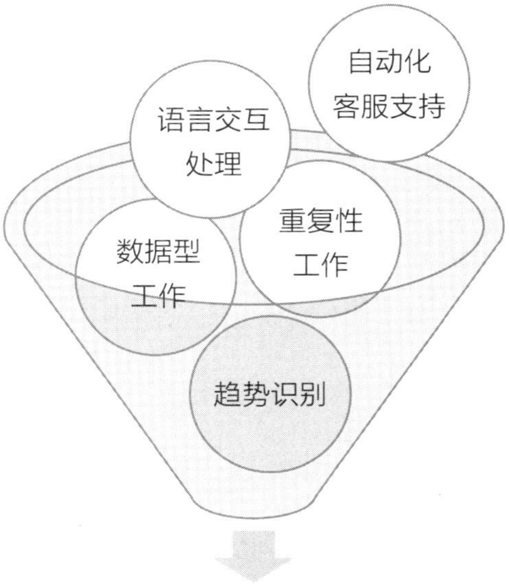

AI工具协助团队

5. 自动化客服支持　对需要接待大量客户、处理客户请求的岗位，团队可能要提供快速且一致的回复方案，非常适合利用AI实现自动化回复和支持，这样能减少人工客服的负担，把时间用在处理复杂的问题上。

从以上几个角度，可以帮助我们分析自己的团队到底适合引入哪些AI工具，来提高团队的工作效率。

拥抱新事物
才能不断发展

任何一个长久发展的团队，一定都有自我创新的血液，愿意尝试和理解新事物，不会因为抗拒风险而止步不前。作为团队的领航员，管理者一定要头脑清醒、勇于尝试，不能因循守旧。只有拥抱新事物，团队才能始终跟上发展，保持竞争力。

问题场景　为什么大家都很抗拒新项目？

温明作为一家仪器公司的研发总监，带领团队优化了不少设备，在市面上反响很好。他一向认为自己的团队具有研发创新精神，没想到，最近遇到了困难——新项目跟之前的设备在原理上差别较大，公司也没有经验，大家纷纷表示做不了，不愿意开发新项目。

温明：大家做研发都是摸着石头过河。以前你们都抢着做项目，怎么这次都不愿意尝试呢？

老许：我们不是不愿意创新，只是这个项目开发周期长、投入大，团队也没经验，总觉得成功的可能性不大。

小王：公司没有这个领域的开发经验，也没有稳定的客户群，就算开发出来，如果卖不出去，不仅公司不赚钱，我们也没有奖金，说不定还会丢了工作。

温明：你们说得确实有道理，让我再考虑考虑吧！

虽然明知道新项目一旦开发成功并打通市场，就可以为公司扩展业务，但因为潜藏的风险，温明的团队成员还是不愿意积极参与。

问题分析

作为团队的管理者，我们都知道创新的重要性，但真正落实时，也要考虑到成员的实际需求。温明的团队成员不愿意接受新事物，主要是内心有顾虑，认为创新成功的可能性低，同时担心自己的付出得不到合理回报。大家彼此影响，表现得都比较抗拒。要让团队乐于接受新挑战，就一定要打消团队成员的各种顾虑。

管理工具　用自我效能理论建立挑战的自信

人们为什么会抗拒新事物呢？因为新事物代表陌生和未知，当人们没有足够的了解和经验参考，就无法估算行动的难度，自然会觉得没底气。所以，我们就要从心理上击破这种想法。自我效能理论是心理学家班杜拉提出的一种动机理论，是指一个人对自己能够成功完成某些特定任务的信念和信心。它可以帮助管理者重建团队的挑战自信。

自我效能有 4 个主要来源，分别是成功经验、替代经验、言语说服和情绪与生理状态。其中，成功经验对自我效能感的提升有最直接的帮助，成功过一次之后，人在下一次行动时就会更加自信。替代经验则是从别人的成功经验中得到安慰，当看到跟自己情况差不多的同伴可以成功完成某个任务时，人们内心的安全感和自信就会提升。言语说服是来自团队管理者的积极反馈，我们多予以肯定和鼓励，成员就会觉得更有自信心。情绪和生理状态也会影响自我效能，团队成员如果处于焦虑、疲劳中，对完成任务的自信就会下降，所以管理者一定要注意团队成员的工作环境是否健康、心态是否平和。

从以上 4 个角度出发，我们可以多方面帮助团队成员提升自我效能感，给予大家足够的心理支持，团队才能发自内心地拥抱新事物和新挑战。

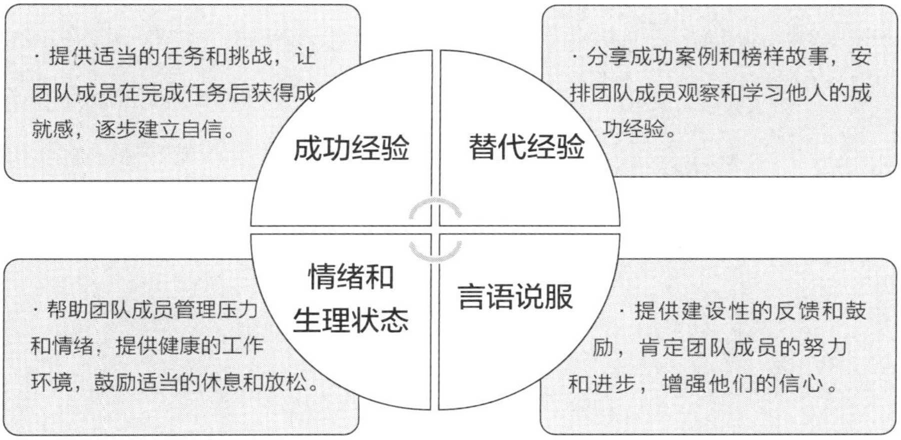

应用解析　如何用小成本尝试新事物?

团队成员不愿意接触和尝试新事物的原因之一是担心投入和收获不匹配，大量投入后得不到好的成果，反而会影响工作效率乃至绩效。所以，管理者可以通过合理规划，用最小的成本来进行尝试，既能减轻成员的担忧，也能降低团队和自身的压力。小成本尝试的关键点在于“小范围试点”，通过4个步骤实现小成本创新。

1. 调研识别　不管是想在团队里推广某个新技术以提高工作效率，还是想带领团队尝试某个新项目，我们首先要进行调研，识别这种技术是否真的有实际效益，项目是否真的具有可开发、可实施性。

2. 试点测试　在选定了技术或项目后，我们可以进行小范围的试点测试，评估效果。比如，可以安排团队中的部分成员参与，先进行尝试。

3. 反馈改进　收集小范围试点的结果。比如，让部分成员尝试后，反馈他们的评估结果和建议，大家讨论后形成改进意见，再进行尝试，直到有初步结果。

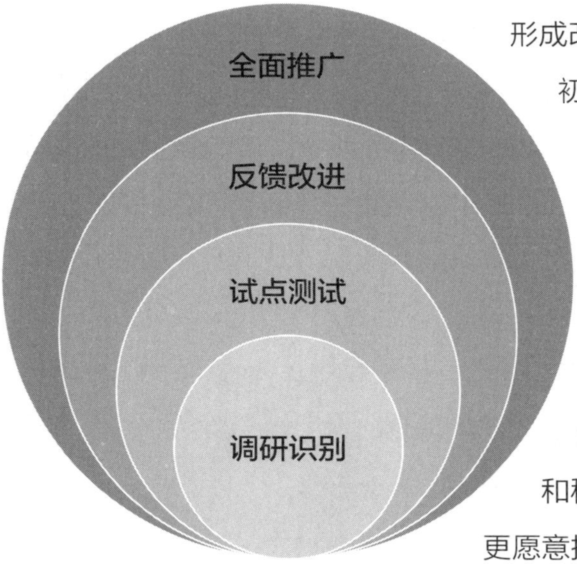

4. 全面推广　当小范围的尝试得到了初步成功后，再逐步在团队中推广，让大家加入其中。

这种方式虽然周期更长，但也更安全，方便我们在创新和稳定团队之间找到平衡，让大家更愿意拥抱新事物。

怎样在变化中维持团队稳定性

创新往往意味着挑战，不管是技术、业务还是组织架构的创新，变动的背后就是打破稳定，这必然会引起一些团队成员的担忧。经常有管理者表示，只要业务变更、组织结构变化，就总有人离职，这让人十分苦恼。所以，怎样才能在变化中还能保持团队的稳定性呢？

问题场景　团队不稳定，总有人离职怎么办？

付晓光是一家公司的经理，由于公司业务调整，他的团队被并入了另一个部门，负责的项目也变了。付晓光发现已经有两个员工表现出了离职的想法。

小张：经理，我觉得这次变动太匆忙了，没给我们足够的时间去适应，突然接手新项目，我感觉自己压力很大，无从下手。

小王：在原来部门，上下级沟通效率很高，部门内合作也比较顺畅。现在我们汇报时，经常被驳回，或是需要经过几层审批，沟通变得更困难，让人觉得干不下去。

付晓光：我们现在处于公司的业务调整期，确实压力会大一些，过了这段时间，稳定下来就好了。

小张：业务调整也可以提前准备，中间给我们一个过渡期，而不是像现在这样，让我觉得公司很不专业。

虽然明知道新项目一旦开发成功并打通市场，就可以为公司扩展业务，但因为潜藏的风险，付晓光团队的一些成员还是不愿意积极参与。

问题分析

无论是哪方面的革新都应该循序渐进，过快的调整会让团队成员没有足够的时间适应新的工作流程和组织架构，这会给大家带来不安和压力，也是付晓光团队不稳定的直接原因。同时，团队成员对工作内容、沟通方式产生不满，说明变化的方向令人不满意，或者没能得到团队成员的普遍支持和认可。

管理工具 使用变革管理模型让团队平稳过渡

变革管理模型又称作ADKAR模型，由5个要素组成，分别是意识（Awareness）、愿望（Desire）、知识（Knowledge）、能力（Ability）和强化（Reinforcement）。通过这个模型，团队管理者可以在组织创新、业务变化等变动期间，帮助团队更平稳地过渡到下一个时期，打消成员的顾虑，帮助他们快速适应新环境。

团队变革总会导致一些不稳定的情况，成员变动频繁就是最明显的表现之一。离开的成员可能会带走他们的专业知识和技能，这可能会影响到团队的运营。而关键成员的流失可能会降低剩余成员的士气，让他们开始质疑团队的稳定性。而且，团队还需要花费时间和资源来招聘新成员，再花费更多的时间和资源来培训他们。在新成员熟悉工作之前，团队的生产力也不可避免地会下降。所以，利用变革管理模型来降低成员流失的概率，就是在关键时刻稳住了团队，这对团队的长期发展有很深刻的影响。

变革管理模型包括以下5个要素。

1.意识（Awareness） 不管是公司的组织结构变了，团队改换了部门、管理层人员，还是团队的业务范围变了，我们都应该先让团队成员意识到这种变化的必要性和正确性，得到他们的支持。如果不能统一认识，成员会产生各种疑虑和抵抗心态，就容易导致较高的离职率。

2.愿望（Desire） 团队能否实现变革，不仅要看管理者有没有决心，更要看成员是否配合，是否能将变革落实到工作中。所以，我们要激发成员产生行动的愿望，让他们自觉参与团队革新。

3.知识（Knowledge） 团队变动意味着分配的工作内容会产生变化，我们想让团队成员支持和适应，就一定要在关键时刻给予他们帮助，提供必要的知识技能培训或者工作所需的资源，这样大家才能明确自己的岗位职责。而且，学习新的知识和技能也能提高成员参与变革的积极性和主动性。

4. 能力（Ability） 变革的后期，我们要确保团队成员都具备了当前新环境、新要求下所需要的知识技能。因此，管理者一定要跟成员保持沟通，了解他们的能力和当前的问题、需求，从而知道接下来应该如何安排工作。

5. 强化（Reinforcement） 团队在变动期的进步、努力和成就，都应该得到认可和奖励，我们应通过持续的支持来强化大家的积极性，才能形成正向反馈。

很多团队在业务变动时，管理者只顾关注任务本身，忽略了团队成员的心理和工作状态，也就是忽略了这5个要素，才会导致团队不稳定。

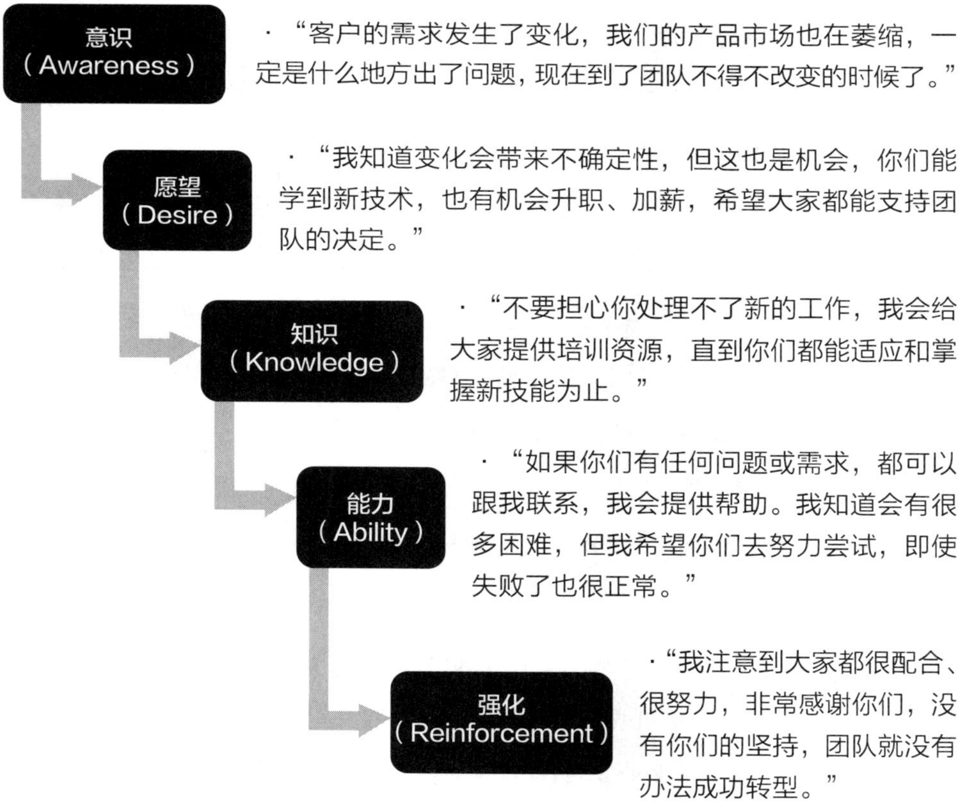

应用解析　如何分步计划，帮助团队度过变动期？

在团队需要变动时，我们可以根据时间线来分步计划，从准备变动、管理过渡期、巩固结果三个阶段来实施，帮助实现团队的平稳过渡，让成员以良好的心态迎接新阶段的工作。

1. 准备变动　我们要评估团队成员的态度和当前情况，分辨潜在的问题。比如，成员是否对变化有顾虑，是否有能力接手和适应新的任务等。在评估好问题后，根据变革管理模型制订计划。

2. 管理过渡期　过渡期主要是两方面的管理：心态管理和技能管理。心态管理方面，我们要让团队成员主动配合参与变革，就要通过充分沟通来实现。坦诚沟通往往比隐瞒更能得到大家的理解，有的公司管理者认为不提团队变革的事就不会有人关注，实际上这只会加重成员的猜测和忧虑。技能管理方面，我们需要根据变革管理模型的要求，提供系统性的培训，帮助大家掌握新技能。

3. 巩固结果　在团队变革的中后期，我们对积极参与、支持并付出努力的团队成员，一定要及时进行奖励和认可，才能激励其他人也参与进来。同时，一定要强调这种变化带来的积极结果，把握好团队风向和节奏，不要让抵抗、负面的情绪蔓延。任何变化都不能一蹴而就，所以巩固结果是一个长期的过程，不管是技术上的培训支持，还是心态上的奖励肯定，都需要坚持提供，才能巩固成果。

变与不变，角色使命不同

在团队管理中，业务和组织结构的变化是不可避免的，改变有时是为了适应市场的需求变化，有时是为了提升内部的管理效率。但是，这种改变是否必要、应该从什么时候开始及如何进行，团队状态不同，所得到的答案也往往不一样。判断是否需要进行变化，衡量稳定和变化之间谁更有利，是作为管理者需要考虑的问题。

问题场景　业务转型真的能给团队带来突破吗？

李盛是一家旅游公司的负责人，他一直鼓励团队要有开拓和创新精神，希望抛弃传统的旅游业务，根据热点开拓新旅游路线和服务形式，适应市场的变化。但是在团队内部，大家似乎有不一样的看法。

小王：我们的旅游线路虽然有点传统，竞争也比较大，但是大家都很熟悉，固定客户也不少。我们不应急于转型，应该先把钱赚到手。

小张：我同意，开拓新业务可能有长远的好处，但也可能只是一时热度，花费很多精力去做前期探索，不一定能带来长期回报，还不如做之前熟悉的项目。

小刘：可是现在市场在变化，其他旅行社也在进步，我们不熟悉新线路，不懂新的服务，早晚会被别人占领市场，我们应当牺牲一些眼前利益，发展一些新线路。

李盛：大家的建议都很有道理，我现在也有点犹豫了，到底怎么做才更好呢？

李盛和团队成员想了半天，也不知道应不应该立刻进行旅游线路的开发和转型。

问题分析

业务转型真的能带来突破吗？这个问题让李盛和团队成员很苦恼，是因为他们缺乏系统的方法来判断是否需要进行转型。团队成员因为考虑的因素不同，产生了不一样的意见，有的人考虑到可能的风险，有的人更看重以后的回报，但大家没有一个明确、客观的标准来衡量业务变化的必要性和可行性。

管理工具 “PEST分析”帮助团队判断是否需要变化

为了帮助团队找寻未来的发展方向，判断是否需要进行业务或组织的变动，管理者可以利用“PEST分析”工具来分析外部市场和社会环境给团队带来的影响，找到团队当前的定位，明确未来的战略规划。

“PEST分析”主要是从4个角度对团队未来的发展方向进行分析，分别是政治因素（Political）、经济因素（Economic）、社会因素（Social）、技术因素（Technological）。政治因素包括跟行业相关的扶持政策或者贸易政策，跟随政策导向引导团队转型，就属于顺势而为，更容易成功；而了解经济因素，可以让团队往经济增长行业靠拢，开启赚钱效应；社会因素指导我们跟随社会关注热点来开展业务，更容易引起社会的关注，得到发展；技术因素就是我们常说的研发创新等，当技术迭代时，也要引领团队跟上节奏，甚至超越节奏。

这4个方面可以帮助我们比较完善地分析一个团队未来的战略选择，到底是因势利导、随势而变，还是稳重守成、以不变应万变。

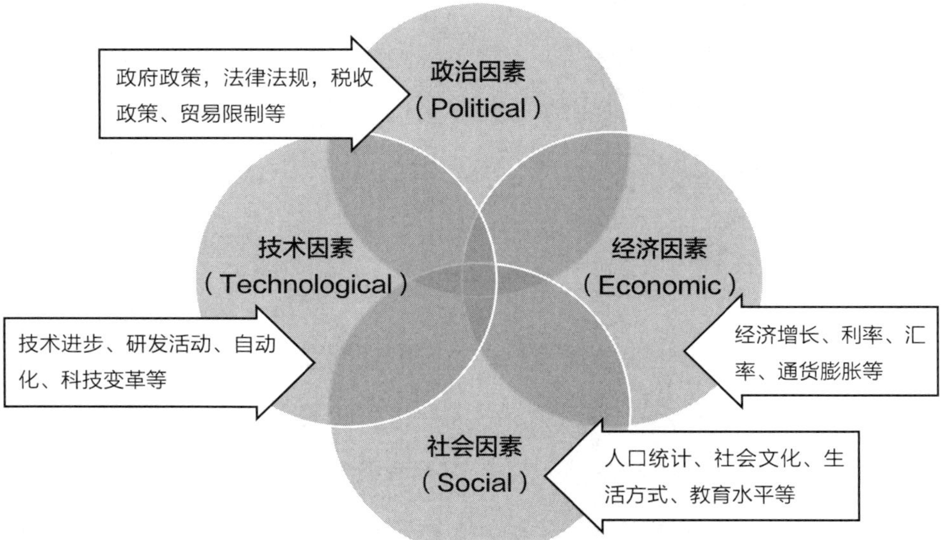

应用解析　在团队转型的实际判断中要注意哪些原则？

哪怕是同样的团队，在不同时期，管理者的使命也不同。就像古代帝王，有的是开拓之君，有的是守成之君，但只要在合适的时期选择合适的策略，都有机会成为明君。"PEST分析"只是告诉我们，可以从哪些外部大环境去判断团队现在的状况，以及未来的发展趋势，但在实际考虑是否让团队转型时，还要遵循以下三个核心原则去应用该分析方法。

1. 全面性　分析团队业务是否要转型、组织结构是否要变化时，一定要先收集外界数据，而数据的全面性很重要。分析时应覆盖尽量全的方面，至少要保证囊括"PEST分析"的四个方面，确保不遗漏关键因素。

2. 相关性　外界环境数据往往繁复庞杂，哪些才是团队转型考虑时需要的？一定要根据信息的相关性进行筛选，重点关注与团队业务和行业密切相关的问题，才能起到效果。

3. 动态性　任何信息都有时效性，要把握"对的时期做对的事"，就一定要保证动态更新，定期分析，才能实时做出判断。

通过这三个核心原则，可以帮助我们在实际判断时做出更准确的评估，把控好团队未来的方向。不管是变或不变，都没有固定的对错，只要符合当前的需求就是最好的选择。

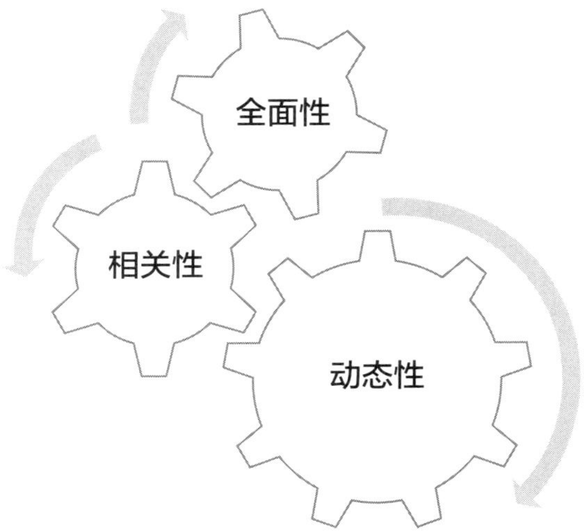

如何进行
组织架构革新

组织架构革新是任何团队都无法回避的，即使是10人以下的小型团队，一旦发展或扩张，也需要进行更加合理的组织规划。这时候，我们应该怎么进行革新才能发挥其正面作用呢？

问题场景　为什么团队成员都不想当管理者？

徐阳是一家初创公司的管理者，团队需要完善组织结构，选拔中层的管理者时，他采取了“能上能下，长期观察”的方法。他先后选择的几个代理组长，都因为表现不如他的预期被替换了。很快，徐阳发现团队成员都失去了上进心，不再看重公司的提拔。一次偶然的机会，他听到了团队成员的私下聊天。

小张：在我们团队，代理组长根本没法转正，当一段时间就会被撤掉，除了工作压力大，什么都没得到。

小王：是啊，天天这样换来换去，好不容易适应了一个组长的管理方式，没过多久又换成别人，真折腾。

小张：不止啊，因为不稳定，代理组长也没有组长的权威性，大家都知道早晚要换人的，根本不配合代理组长的工作。

小王：这个组长的位置就像吊在驴眼前的胡萝卜，似乎近在咫尺，却永远吃不到，反正我一点都不羡慕。

徐阳这才发现，自己的行为已经影响了团队的工作，想要构建的组织结构也形同虚设了。

问题分析

徐阳想在团队中进行组织架构的革新，让原本扁平化的初创公司有更加完善的体系，但他不应该过于频繁地考察和替换管理者。这种革新本来就具有不稳定性，需要团队去适应，如果再频繁替换管理者，不仅让成员适应起来更困难，给他们增加工作负担，还会减弱团队对新组织架构的认识，无法起到真正意义上的革新作用。

管理工具　团队发展阶段模型揭露组织架构变化的过程

进行组织架构革新时，一个关键点在于“变化中也要兼顾稳定性”。我们要进行架构变革，就一定要行动果断、结果明确，不要态度反复、朝令夕改，新的架构一定要稳定推行，这才符合团队发展阶段模型的原理，让成员尽快适应新架构。

团队发展阶段模型是一个经典的团队动态理论，说明了新组成的团队架构需要经过哪几个发展阶段。它包含以下5个阶段。

1. 组建期　团队的新组织架构刚建立，成员聚集在一起，试探性地了解彼此的工作和在团队中的角色。

2. 震荡期　团队成员在新架构环境下，开始表达工作中的个人观点，这时团队角色和职责尚不明确，也可能会因为工作分配和磨合出现冲突。

3. 规范期　成员逐渐习惯新的组织，形成共识，并建立自己的组织标准和规范，彼此之间的合作更加密切，也有了明确的职责分配。

4. 执行期　成员在新组织中进入高效的工作状态，高度协作，自主解决问题，专注于实现任务目标。

5. 修整期　当前的组织结构已经不适用于团队发展，成员开始分散，进入下一个组织架构革新的循环中。

如果在制定新的架构方案时，规则朝令夕改、任命模糊不清，只会让团队在组建期和震荡期反复磨合，导致工作效率低下。而执行期是团队运转最高效、产出最大的阶段，所以管理者应该引导团队压缩组建期和震荡期，尽快进入规范期，并尽量延长执行期的时间。

根据不同阶段的管理启示，管理者可以意识到两个关键点。

1. 想压缩组建期和震荡期的时间，要在团队初期就明确每个团队成员的角色和责任，避免后期的混淆和冲突，也要鼓励团队成员开放、诚实地表达他们的观点和感受，让矛盾在萌芽期就得到处理。

2. 要延长执行期，可以定期进行团队建设活动，增强团队的凝聚力，使团队成员更加密切地合作，也要提供持续的学习和发展机会，帮助成员提升技能和知识，并对其中的优秀表现及时进行认可和奖励，增强成员的工作满足感和归属感。

这些策略可以帮助我们有效地管理团队的发展，提高团队的效率。

1. 组建期

· **管理启示：** 在组织结构变化的初期，管理者应明确团队的目标和愿景，提供清晰的方向和指导，帮助团队成员建立初步的信任和关系。

2. 震荡期

· **管理启示：** 在融合的过程中，冲突和挑战是不可避免的，管理者需要积极管理冲突，鼓励开放的沟通，帮助团队成员理解彼此的观点，逐步明确角色和职责。

3. 规范期

· **管理启示：** 在这一阶段，管理者应支持团队建立有效的工作流程和协作机制，强调团队合作和共同目标，巩固团队的信任和协作关系。

4. 执行期

· **管理启示：** 在团队进入高效运作阶段后，管理者应提供更多的自主权和支持，鼓励创新和持续改进，确保团队能够持续高效地工作。

5. 修整期

· **管理启示：** 在变化结束时，管理者应关注团队成员的情感需求，进行适当的总结和庆祝，帮助团队成员顺利过渡到新的任务或团队。

应用解析　如何给扩张的团队进一步划分组织？

作为团队的带头人，当团队不断发展扩张，仅仅只有我们进行管理是不够的，必须对团队进行进一步的组织划分。这时候，应该怎么拆分团队的成员呢？如果划分组织这一步做得不好，一定会经历很长一段时间的混乱期，导致职责不清、成员互相踢皮球，项目运转也会出现问题。所以，管理者一定要根据合理的原则进行组织划分。

1. 功能性　拆分出的小组织内部一定要安排对应的人员负责相关工作，才能避免任务无人负责。

2. 协调性　人员一定要根据任务量的多少来分配，确保合理安排新组织的成员的工作。

3. 闭环性　拆分出的小组织，任务应该尽量是闭环的，即每个小组自己的事情最好可以从头负责到尾，有问题可以内部解决，这样可以提高工作效率。同样，小组内部也应尽量将每个任务环节拆分，保证成员个人的工作闭环，谁的项目谁负责，谁负责的项目出了问题谁来解决。

4. 稳定性　组织拆分后，成员就要稳定下来，尽量不要频繁调动，避免反复磨合导致的低效率。根据团队发展阶段模型，只要人员调整就会导致团队重新经历组建期和震荡期，对效率有很大影响。

5. 专注性　每个小组织的工作范围一定要划分清晰，不要总安排大家跨组织去做一些职能范围外的事，才能保证专注性，让团队的工作效率最大化。

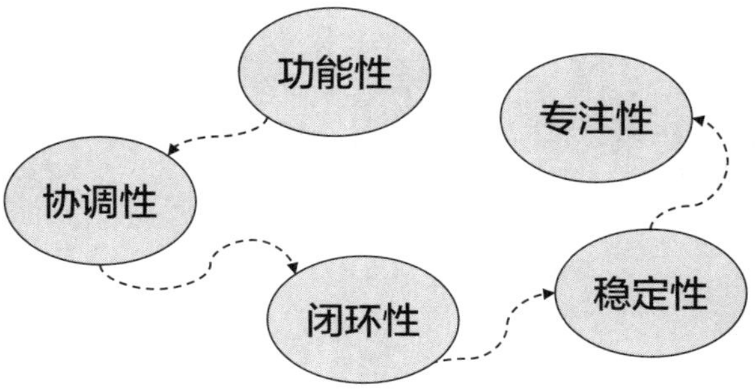

做到以上5个方面，就可以将扩张的团队所需要的下一级组织清晰划分出来。

如何处理架构革新下的抵触情绪

对一个团队的管理者来说，发展壮大自己的团队固然是一件好事，而团队规模与业务扩张，必然会迎来更细致的组织拆分，来减轻上层管理者的工作压力。这时候，在团队里选择和提拔合适的下一级管理者，是一件既让人有成就感又必须谨慎的事。如果晋升的人员不能得到团队的认可和支持，反而会降低大家的凝聚力和工作效率。

问题场景　为什么我提拔的员工得不到大家的支持？

孙超是一家广告公司的设计总监，最近提拔了自己的一名下属小张作为下一级管理者。他认为小张的沟通协调能力强，做事也比较认真负责，适合当管理者，但没想到这个决定并没有得到团队其他成员的支持。很快，孙超就听到了一些对小张的批评。

小李：小张刚来公司才多长时间，怎么他成了负责人？论资历，他可比不上老王、老陈，为什么不提拔这些资深的同事？

小刘：我们是设计部门，应当挑选能力突出的人当团队负责人。我认为小张的设计能力比较一般，不适合当负责人。

小林：小张的学历也并没有比其他人高，他能做负责人，该不会是有什么关系吧？

大家纷纷表示："要是他都能做负责人，为什么我就不行？"发现大家对这件事都有疑问，孙超一时之间不知道该怎么办了。

问题分析

在选择晋升某些成员时，管理者考虑的方面跟其他团队成员所想的不一样。比如，孙超认为一个合格的管理者首先要懂得沟通，才能连接好不同团队、客户和组内成员，明确大家的需求；其次，管理者要工作认真负责，将团队的事务放在心上。但是他的考虑并没有传达给团队其他成员，也没有提前建立被提拔员工的威信，没有释放出要晋升他的信号，所以引来了许多议论和不满。

管理工具　晋升提拔团队成员的六要素

在一个团队中，当部分人得到晋升时，一定会有其他人产生好奇或疑惑：为什么升职的人是他？只有晋升者具备管理者应该有的素质时，他们才能扮演好管理者的角色，也才能服众。所以，身为团队管理者，我们在提拔成员时，一定要有原则、有章法，按照管理者应该具备的6项素质去考察他们，才能选出合适的晋升者。

1. 主动力　潜在的管理者，往往愿意主动承担非分内的任务，如在项目工作中主动担责，或者在新的任务和挑战面前愿意主动尝试。

2. 影响力　成为管理者的第一个要素就是能服众，有的人即使不是管理者，也能在团队中成为群体焦点，并产生积极的影响。

3. 行动力　面对问题时，应该先抛弃情绪上的抱怨和紧张，愿意寻找解决办法的人，往往更有行动力，也更能带领团队。

4. 决策力　合适的团队管理者要能在问题面前做出判断，也要敢判断，对判断的结果负责。这种人是具有责任感的人。

5. 沟通力　沟通技巧在职场中的重要性比很多人想象中都要重要，能清晰有效地传达自己的想法和理解别人的需求，既可以节省很多不必要的沟通成本，也能避免因为误解产生问题。

6. 合作力：真正的管理者都知道团队合作有多重要，也能在团队中发挥自己协调作用。

通过这6个要素去考察成员，能更准确地找到合适的管理预备役，这也是成员被提拔并晋升的真正原因。

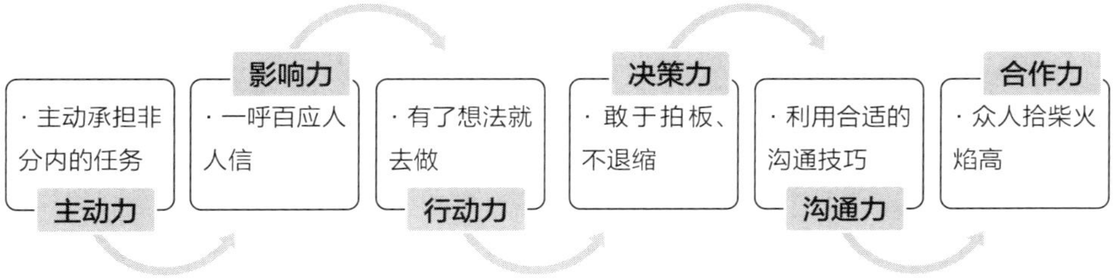

应用解析　如何让团队成员接受人员晋升的变动结果？

很多团队成员对人员变动，尤其对部分成员的晋升有意见，往往是我们作为管理者前期没有做好铺垫，导致大家无法接受，晋升者也很难服众。晋升也需要过程，可以通过五步法在实际操作中让人员变动的结果更能被团队成员接受。

1.提前沟通　当我们希望晋升某个人时，要提前向团队成员释放信号，解释自己的意图以及晋升对方的原因，争取大家的理解支持。

2.建立威信　贸然晋升可能会难以服众，但如果被晋升的对象之前就已经有了一定威信，一切就水到渠成了。所以，我们可以帮助他们在团队中先建立威信，得到大家的信任，逐步扩大他的领导力和影响力。

3.分步授权　在正式晋升之前，可以先分步授权，逐渐增加晋升对象的职责，让他们开始接触管理。这样做既能让团队逐渐适应，也能让晋升对象在工作中先积累经验，避免突然转变角色不能处理好工作。

4.持续反馈：候选人在过程中的工作表现如何，需要通过团队成员的反馈来分析，定期收集大家的反馈意见，也可以调整培养和引导的方向，让对方更适合做管理者。

5.表示支持：作为团队的管理者，我们要表达出自己的态度，经常支持并肯定想提拔的对象的工作表现，大家才会更愿意接受他。

通过这5个步骤进行前期铺垫，相信团队成员对人员变动、晋升的态度会更积极。

团队管理未来趋势

商业环境在快速变化，团队管理的方式也在不断演变。尤其是技术的进步，促使工作流程、工作方式到团队合作途径都产生了巨大变化，未来的团队管理一定更要求灵活性和多样性，为了保持竞争力，带团队时也要了解这些趋势，以便跟上行业的需求。

问题场景　我们的团队模式现在落后了吗？

张娜是一家公司的项目负责人，刚跟自己的团队交付了一个项目。遗憾的是，这个项目开发周期长，虽然大家全力以赴，但是在一年半的开发时间里，技术和市场需求都在变，导致最终交付的产品已经不太符合市场热点了。针对这个问题，团队进行了讨论和反思。

小张：我觉得我们现在的工作流程太僵化了，每次变更设计都需要经过很多审批，中间耽误了不少时间，导致工作效率低下。

小刘：我们缺少一些中间环节，如检查、迭代，很多前期出现的问题都是在项目后期发现的，导致我们很难进行修改。

小李：项目开发周期长，我们就应该在前期方案中预留一些应对变化的空间，这样在项目的中后期还能及时调整。但是，现在我们都是一开始就定好的方案，具体实施项目的过程中已经发现了许多问题，如方案不符合市场。

小王：如果我们能加强与客户之间的沟通，了解他们的需求变化，也许会有所改善。

张娜听完大家的话后觉得很有道理，她意识到自己在带领团队做项目时缺乏灵活性。

问题分析

张娜的团队面临的问题是项目工作缺乏灵活性和响应速度。首先，工作流程过长，响应速度慢，没有及时解决工作中出现的问题。其次，项目流程不完备，在过程中缺乏一些检查、迭代的环节，不能早发现解决问题。最后，项目安排不够灵活，导致方案越来越滞后，只能硬着头皮做。带团队时，我们不能把团队带到死胡同，要灵活、及时处理工作中出现的问题。

管理工具　敏捷管理让团队工作更灵活

在带团队时，要采用敏捷管理办法，以客户为中心、以成果为导向进行项目的迭代开发，帮助团队适应当今技术环境和市场需求快速变化的时代。

敏捷管理的核心是对变化要有响应速度。在项目进行的过程中，很多因素都在变化，所以项目中一定会有未知和不确定的信息，不是所有的部分都可以提前做计划。越是考虑到变化，我们就越容易在完成项目时对意外有更快速的响应，而不是僵化地按照一开始的计划来工作。一个有效提升响应速度的思路是，我们可以将计划做得更灵活一些，预留出应对变化的空间，方便后期根据实际情况进行调整和把控。如果在一开始就将计划制订得过于详尽，卡控每个阶段的时间、项目成本、完成步骤，就容易让执行过程变得过于死板和紧张，遇到意外情况时很难快速响应。

重视项目产品也是敏捷管理的一个要点。好的想法也要真正落实才知道能不能实现，所以一定要面向产品和成果进行开发，以“尽早出成果、尽早验收产品”的思路规划项目。我们可以将大项目拆分出多个阶段性节点，每个节点都能产出阶段成果进行测试，这样就能及早改进那些前期方案中没考虑到的问题，用闭环迭代的模式不断提升。而传统的思路往往是走线性流程来进行开发，周期过长，问题也容易逐渐累积，不利于改进产品设计、提升产品质量。

客户合作能给团队带来重要的信息反馈，让我们得到来自客户方面的关注点和需求点。客户或市场的需求是我们开发项目的目标，他们才是定义项目价值的角色。如果客户需求变了，市场不再需要了，那我们就要尽快找到新的方向，转变产品的定位，才能适应需求。

考虑到以上三点，通过敏捷管理的思维带团队、做项目，会具有更高的灵活性，也更符合未来的团队管理趋势。

应用解析　团队管理的未来是以人为本

当我们在考虑团队的未来发展趋势时，不管最终采用了什么管理学工具去规划，在实践时，都要记得最关键的一点——以人为本。

不管是我们所介绍的管理学方法，还是在团队工作中总结出的实际经验，都只是管理的“术”，是技术层面的技巧，实施效果因人而异；而基于团队的心理状态，为了达到某种目标制订的计划，这些都是“法”，它比“术”更具有指导意义，教给管理者如何使用技术；最终，能找到团队发展的方向，遵循方向因势利导实现管理的成功，就是“道”了，而“道”是永远跟人相关的，只有以人为本，才能掌握管理的本质。

在过去，管理者经常过于强调团队的利益，关注流程、技术、规划是否完善，却忽略了成员的心态和想法。现在，随着成员的个人权益意识不断增强，对自身发展的规划更加清晰，在带团队时，我们就更应该关注成员的主体地位，尊重他们的需求和权利。团队给成员创造了更好的发展机会，让成员精神层次的需求跟团队发展相一致，他们自然会产生工作的动力和创造力，团队也能持续发展。因此，好的管理模式，在未来会朝“以人为本”的方向发展。

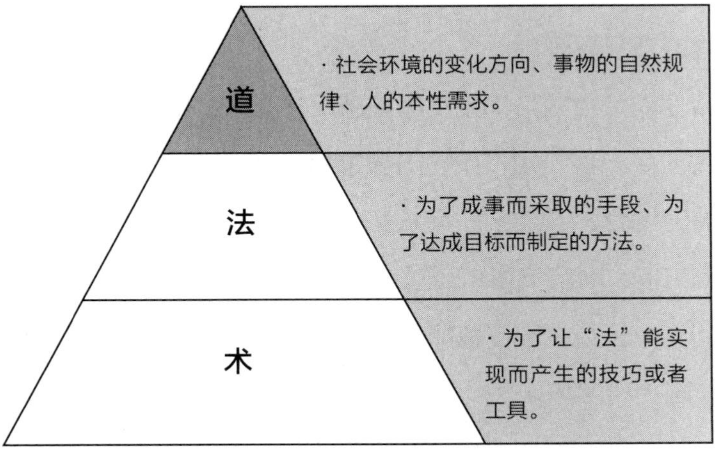